Sólo Pavores
(Only Terrors)

Luciano Trigos

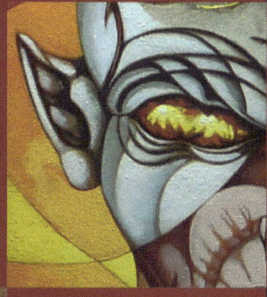
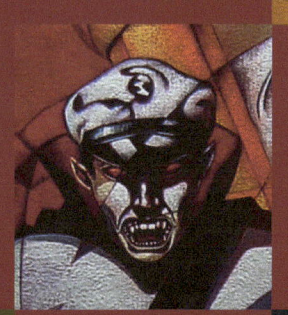
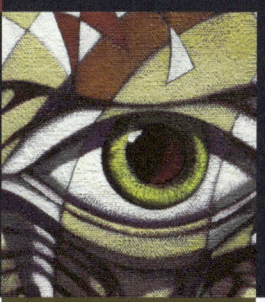
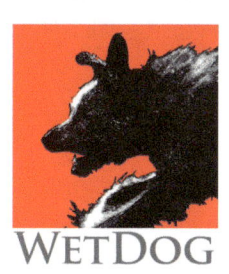
WetDog
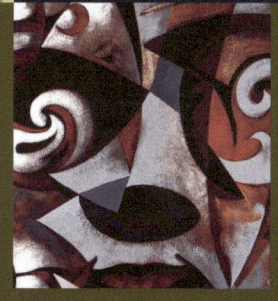

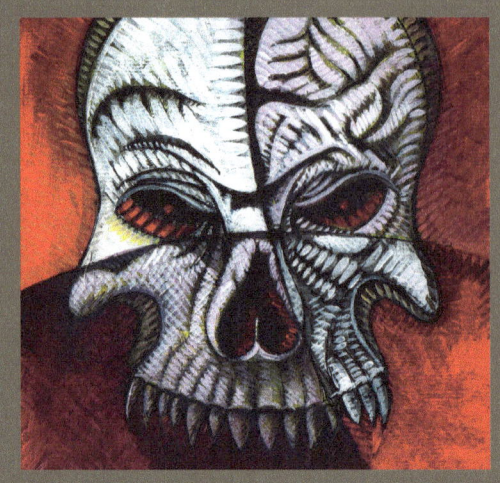

Calavera
Oil / Cardboard
5.5" X 5.5"
2014

Sólo Pavores
(Only Terrors)

Luciano Trigos

Paintings by Luciano Trigos
Layout & Cover: WetDog

Pintura de Luciano Trigos
Maqueta y portada: WetDog

ISBN: 9798361494965

www.hemoficcion.com/luciano-trigos-pintura
opensea.io/LucianoTrigos
opensea.io/Wet-Dog

All Rights reserved, including de right of reproducción in whole or in part in any form.

Copyright © 2022 Luciano Trigos

GLOSSARY (*Glosario*)

Mixed technique	Técnica mixta
Enamel	Esmalte sintético
Canvas	Tela / Lienzo
Oil	Óleo
Cardboard	Cartulina
Acrylic	Acrílico
Woodcut	Xilografía
Zlo	Demonio / Evil
Hemofiction	Hemoficción
DAC	Dynamic Abstract Chromatics

Hemofiction at death
Oil / Canvas
20" X 16"
2011

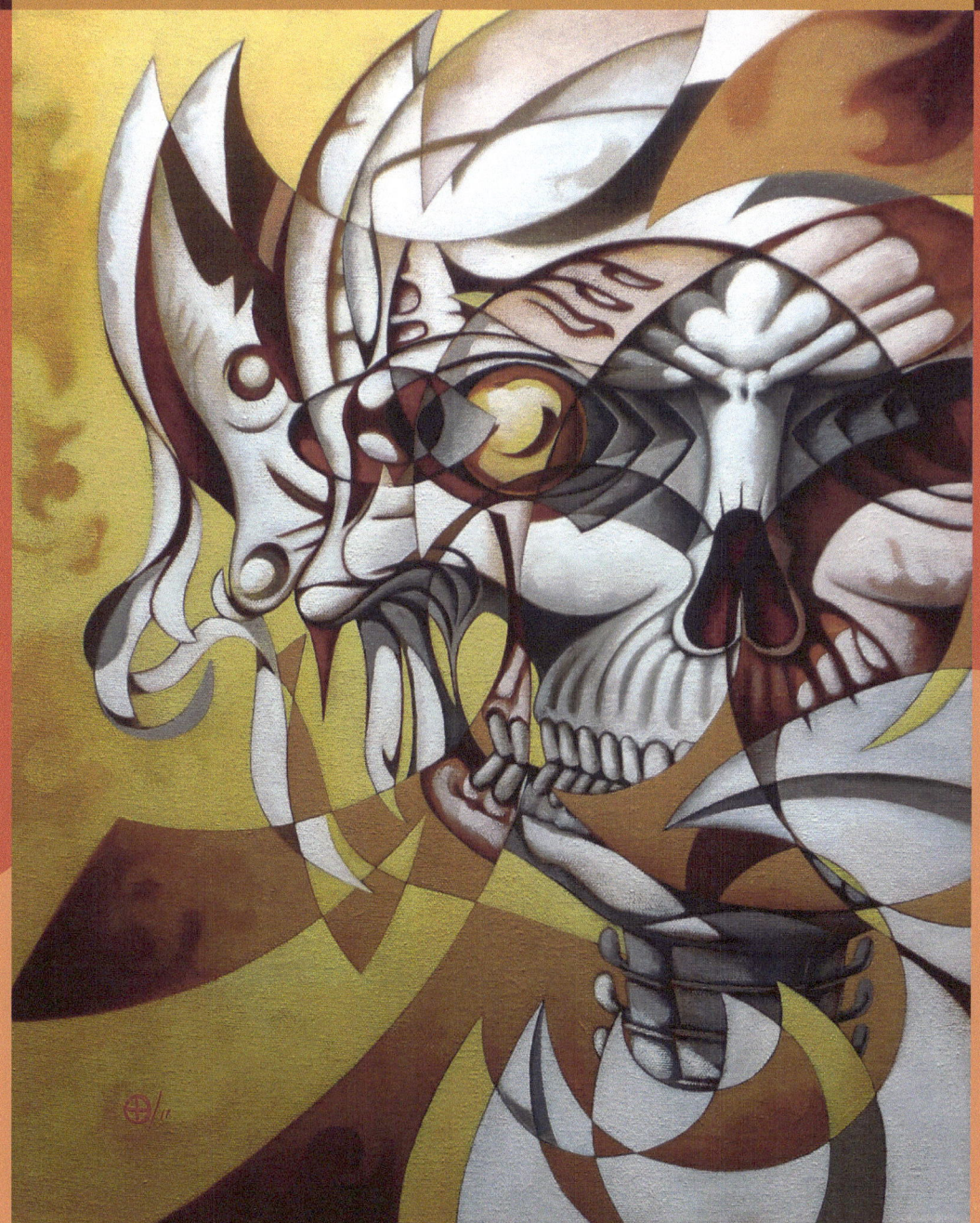

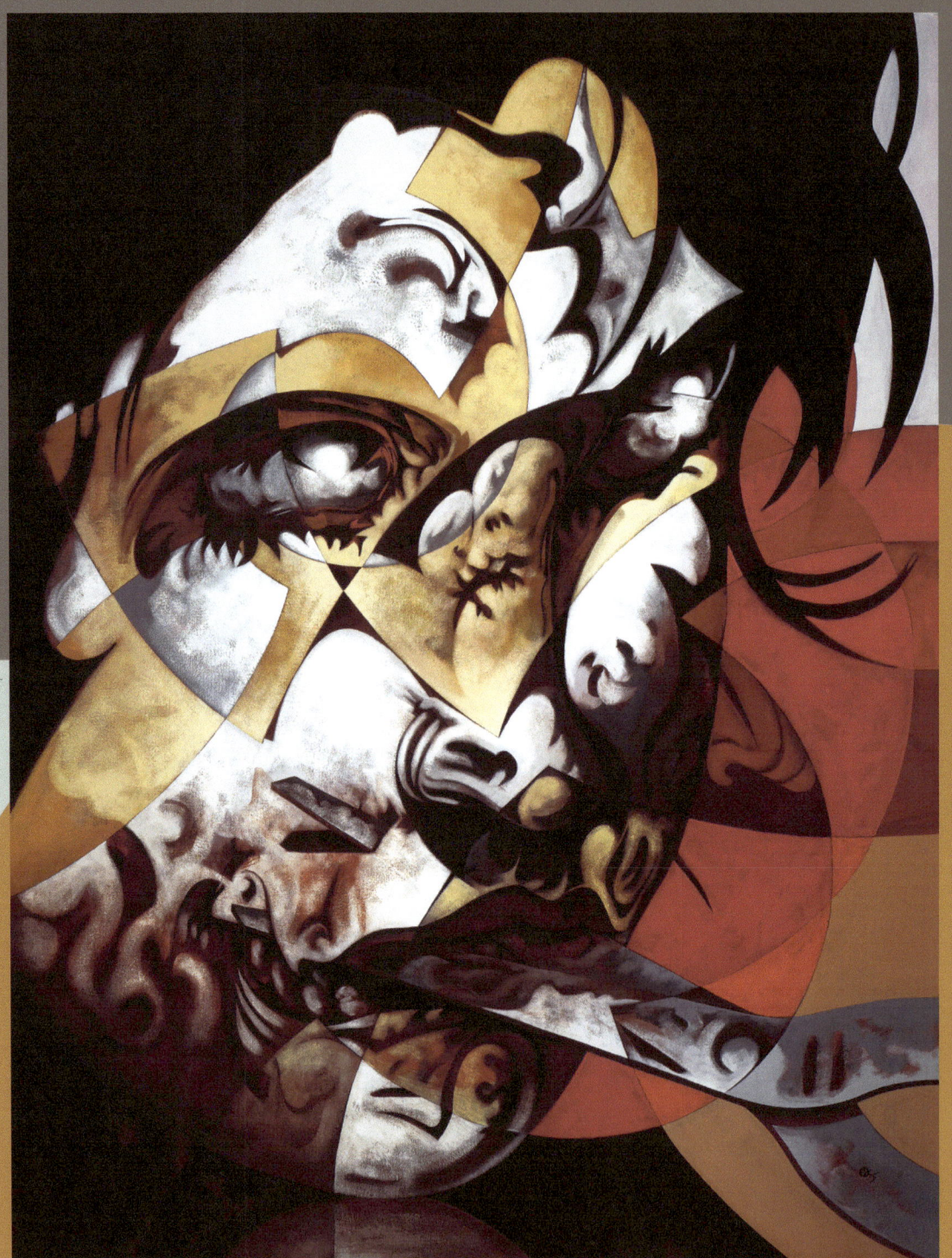

Mutilated head
Enamel / Canvas
48" X 36"
2005

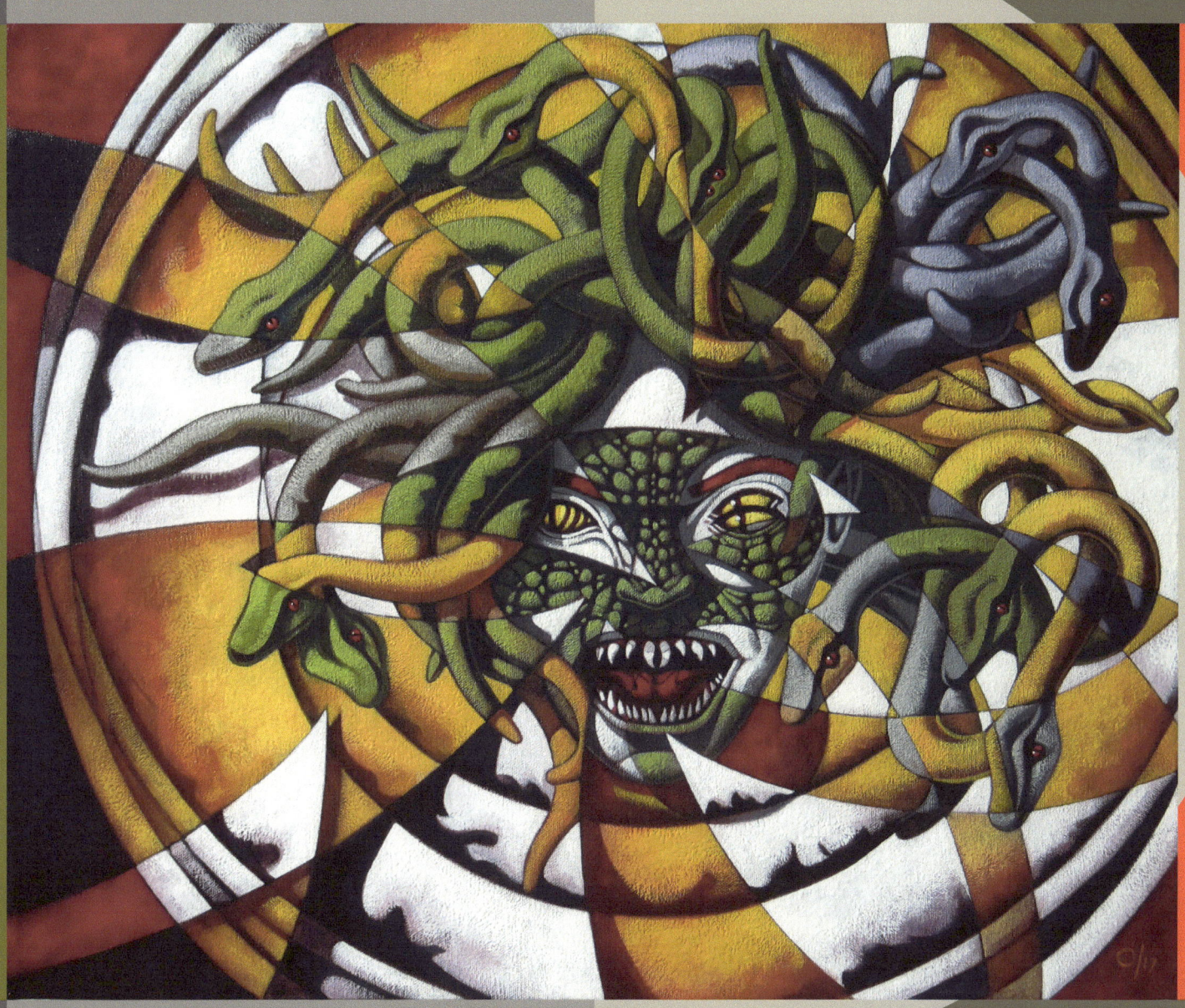

Escudo venenoso
Enamel / Canvas
50 cm X 60 cm
2017

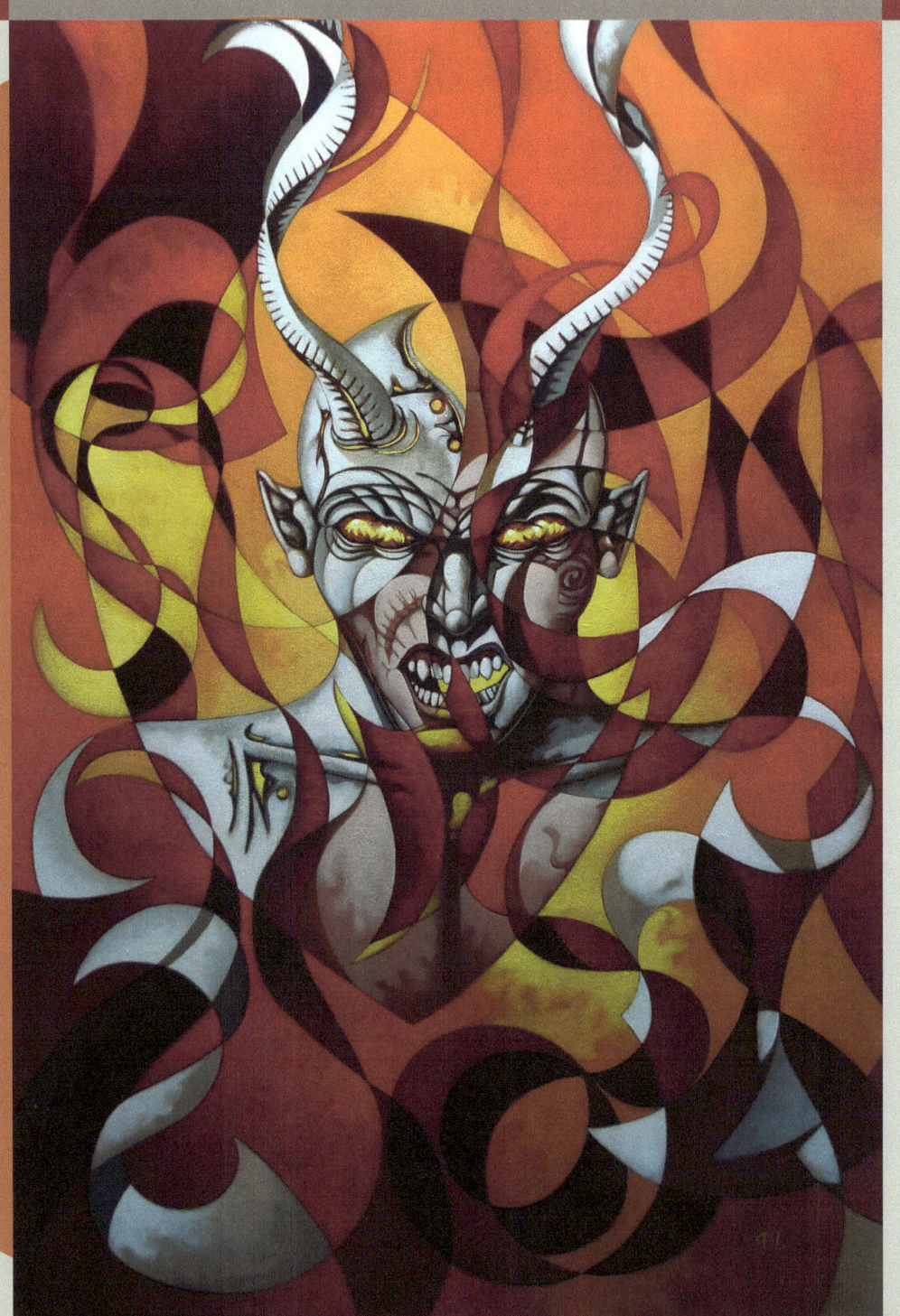

Dantesque Hemofiction
Oil / Canvas
36" x 24"
2011

Santa Muerte
Oil / Canvas
50 cm x 40 cm
2020

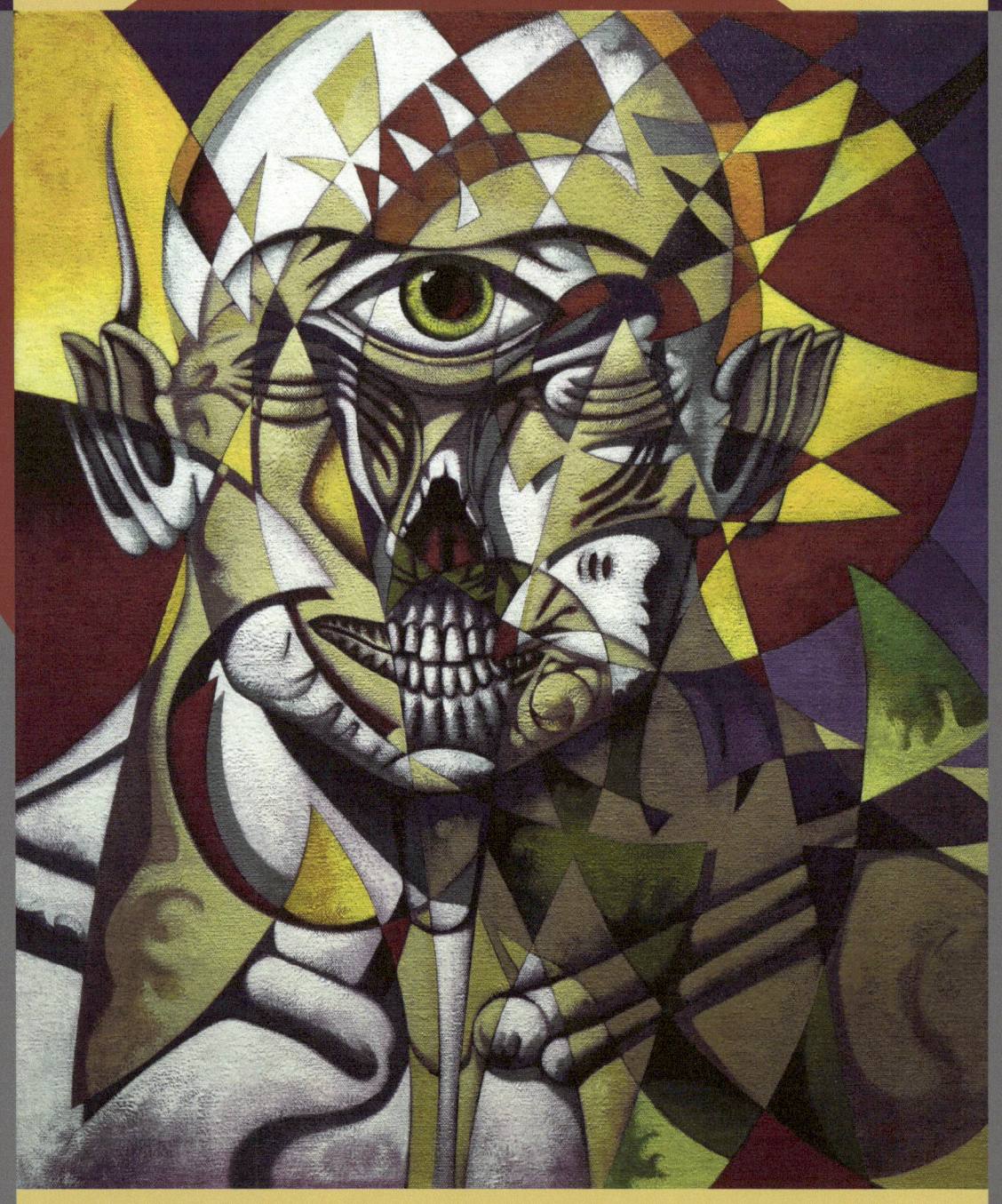

Polifemo
Enamel / Canvas
60 cm x 50 cm
2014

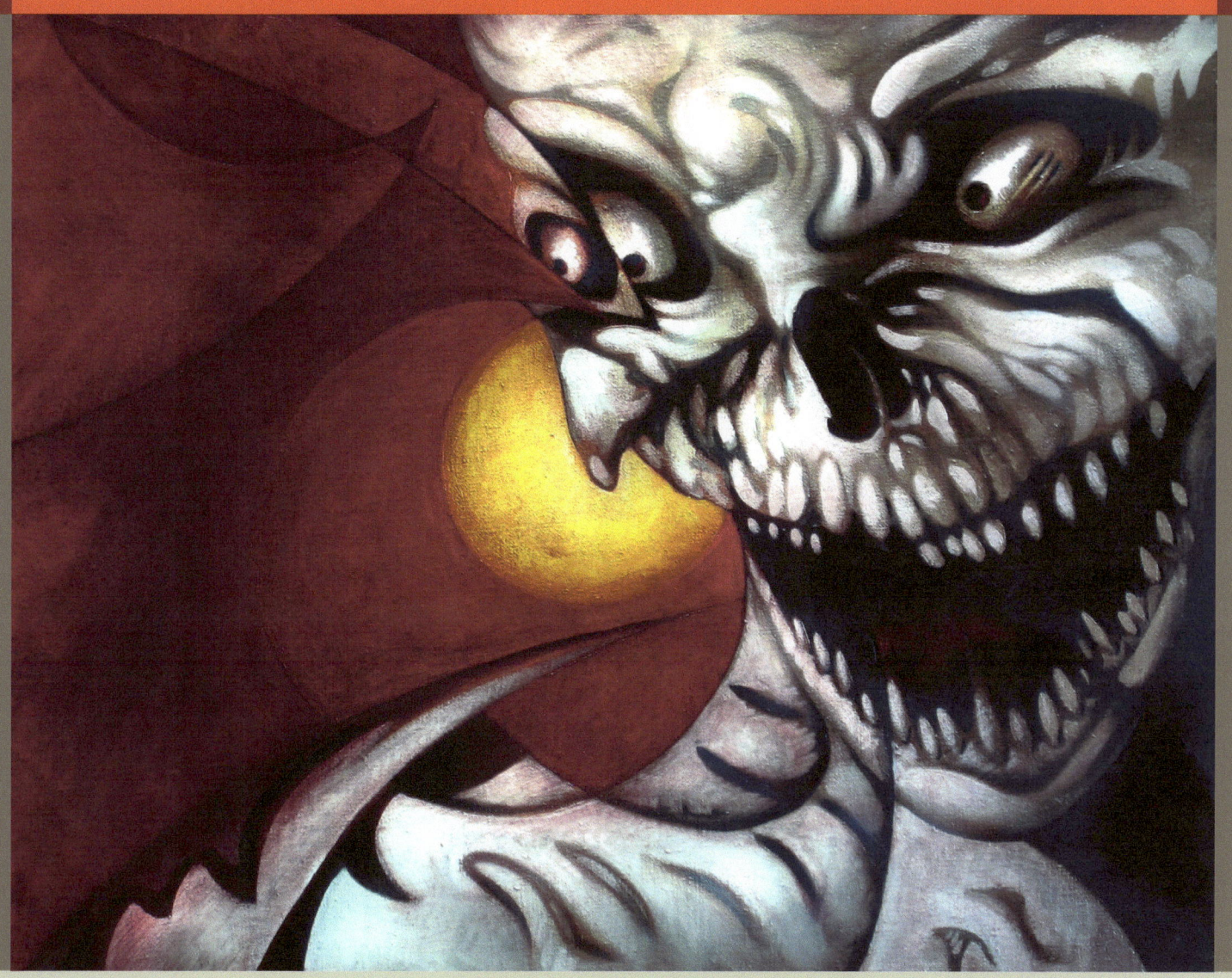

Zlo
Oil / Canvas
30 cm x 20 cm
2008

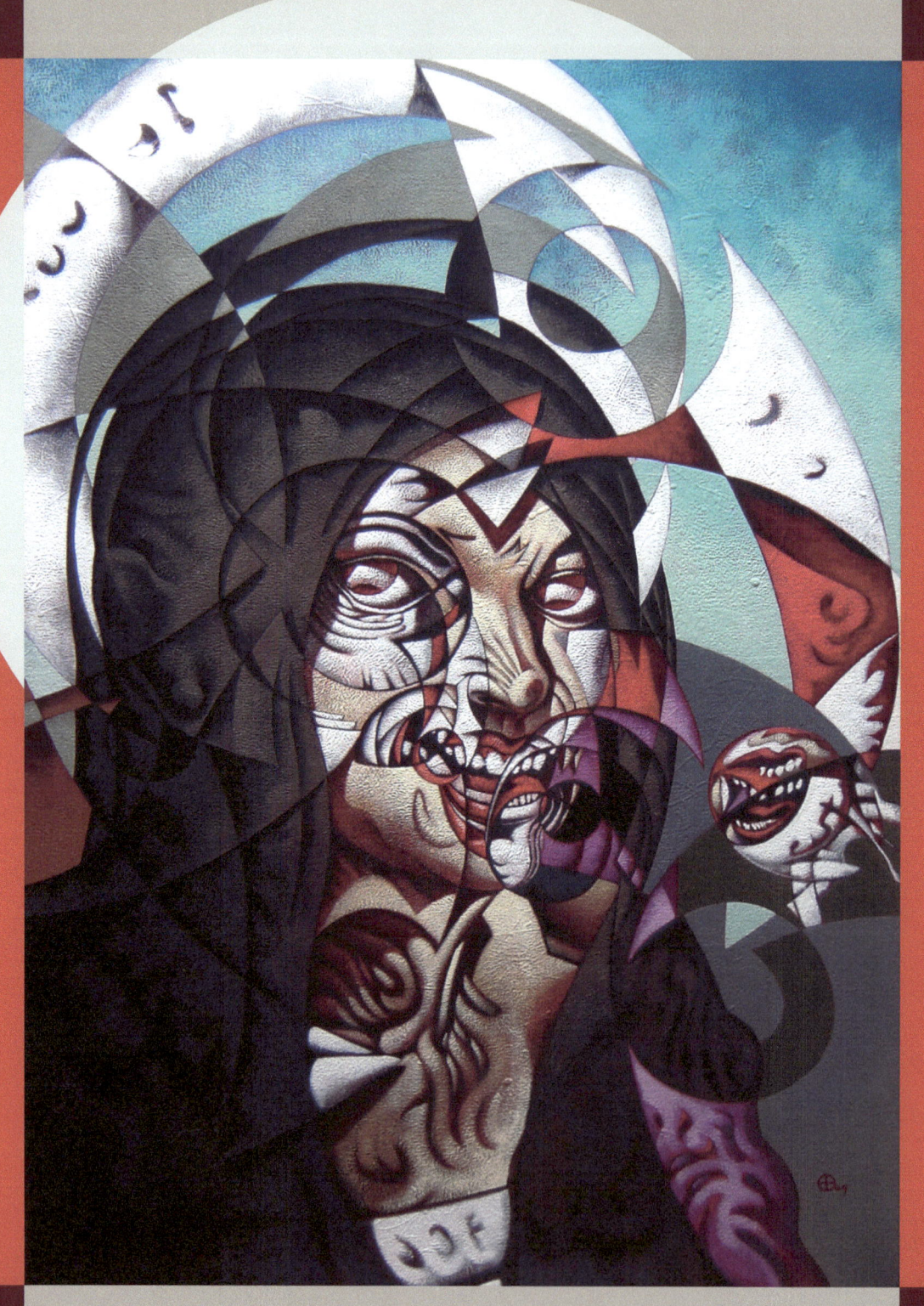

La Llorona
Enamel / Canvas
36" x 24"
2009

Hemofictions 8
Enamel / Canvas
48" x 36"
2005

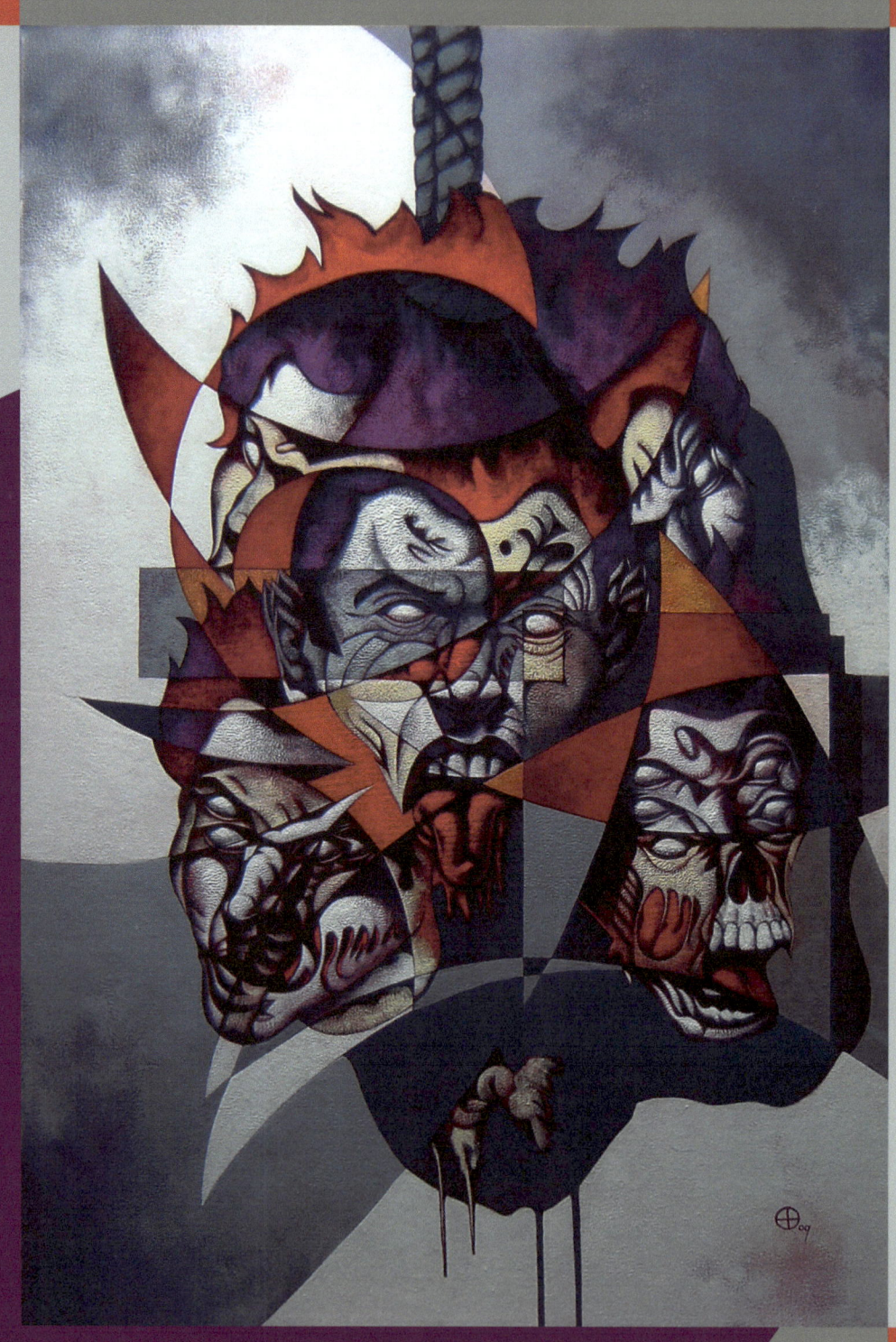

Hemofiction Heads
Enamel / Canvas
36" x 24"
2009

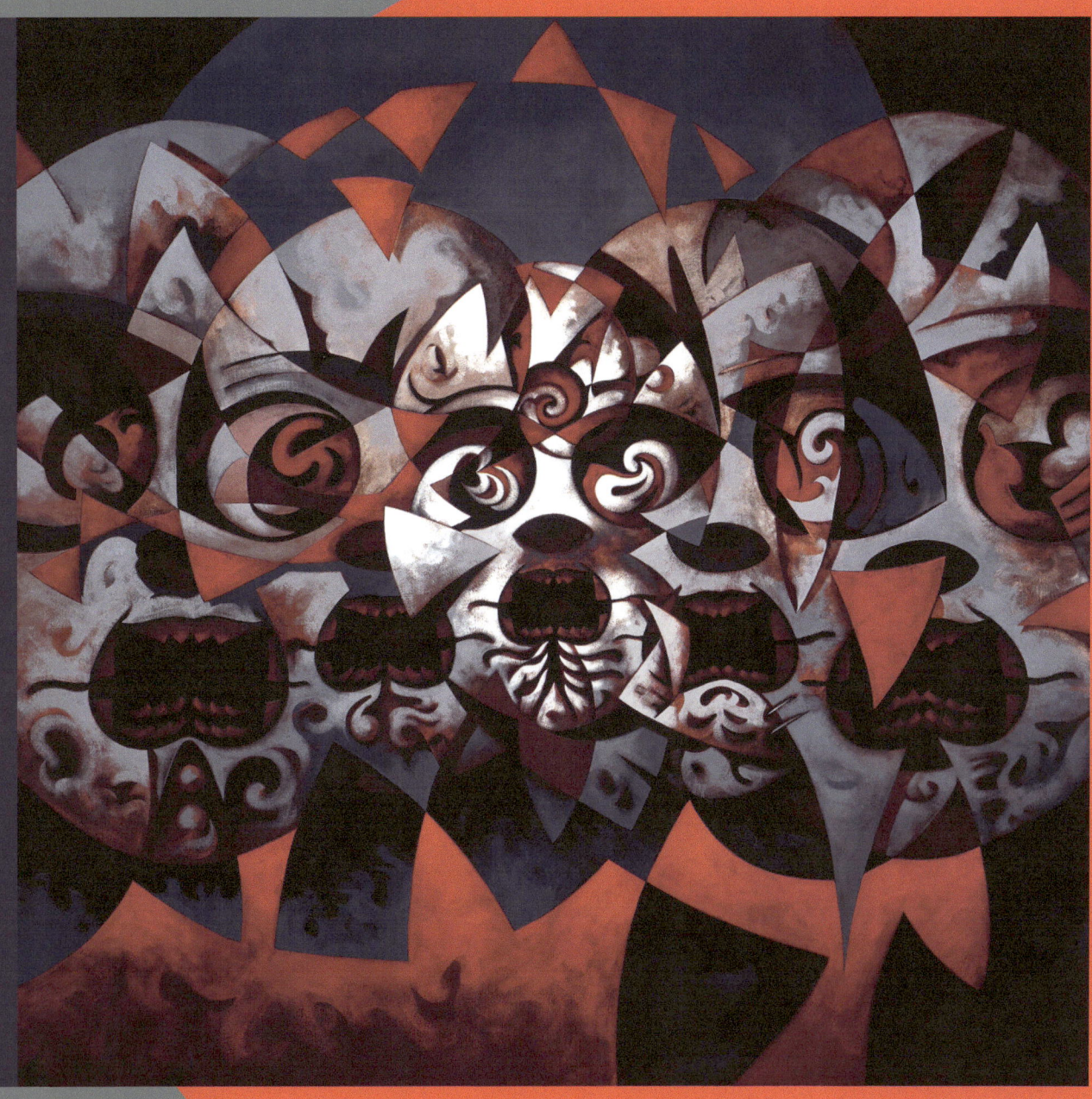

Unfolded Head
Enamel / Canvas
48" x 48"
2005

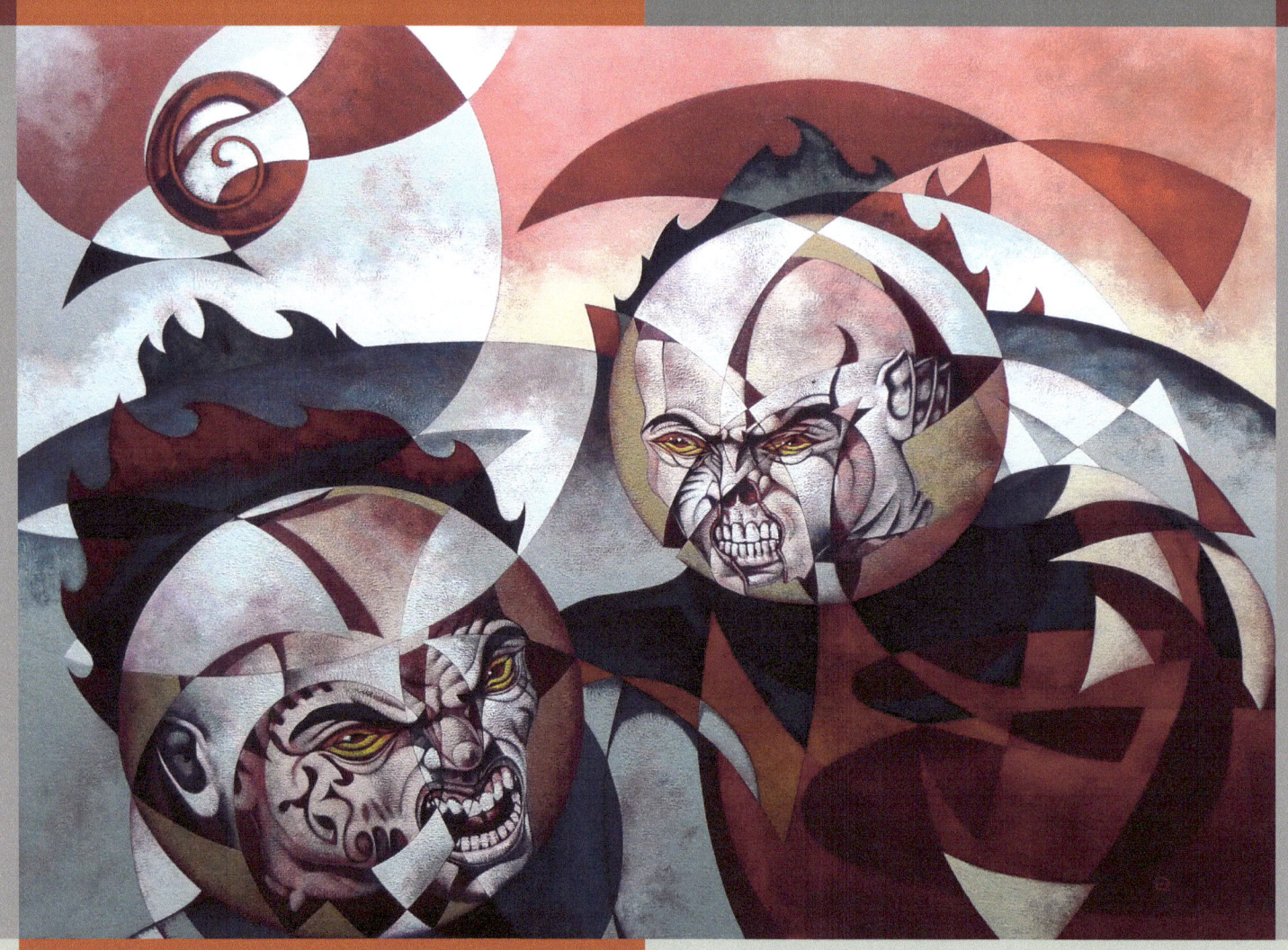

Flying Heads
Enamel / Canvas
36" X 48"
2010

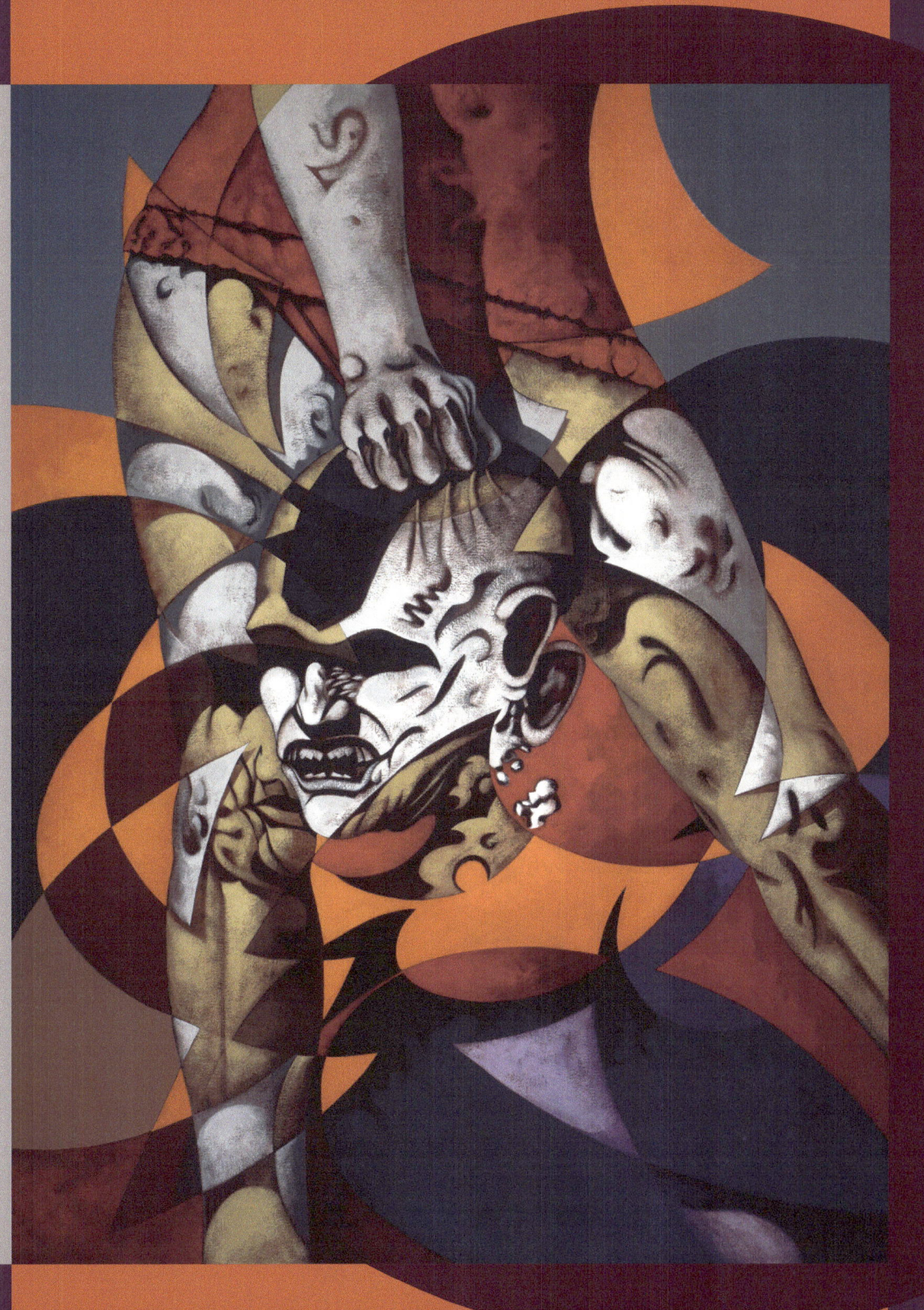

Dangling head
Enamel / Canvas
48" x 36"
2005

15

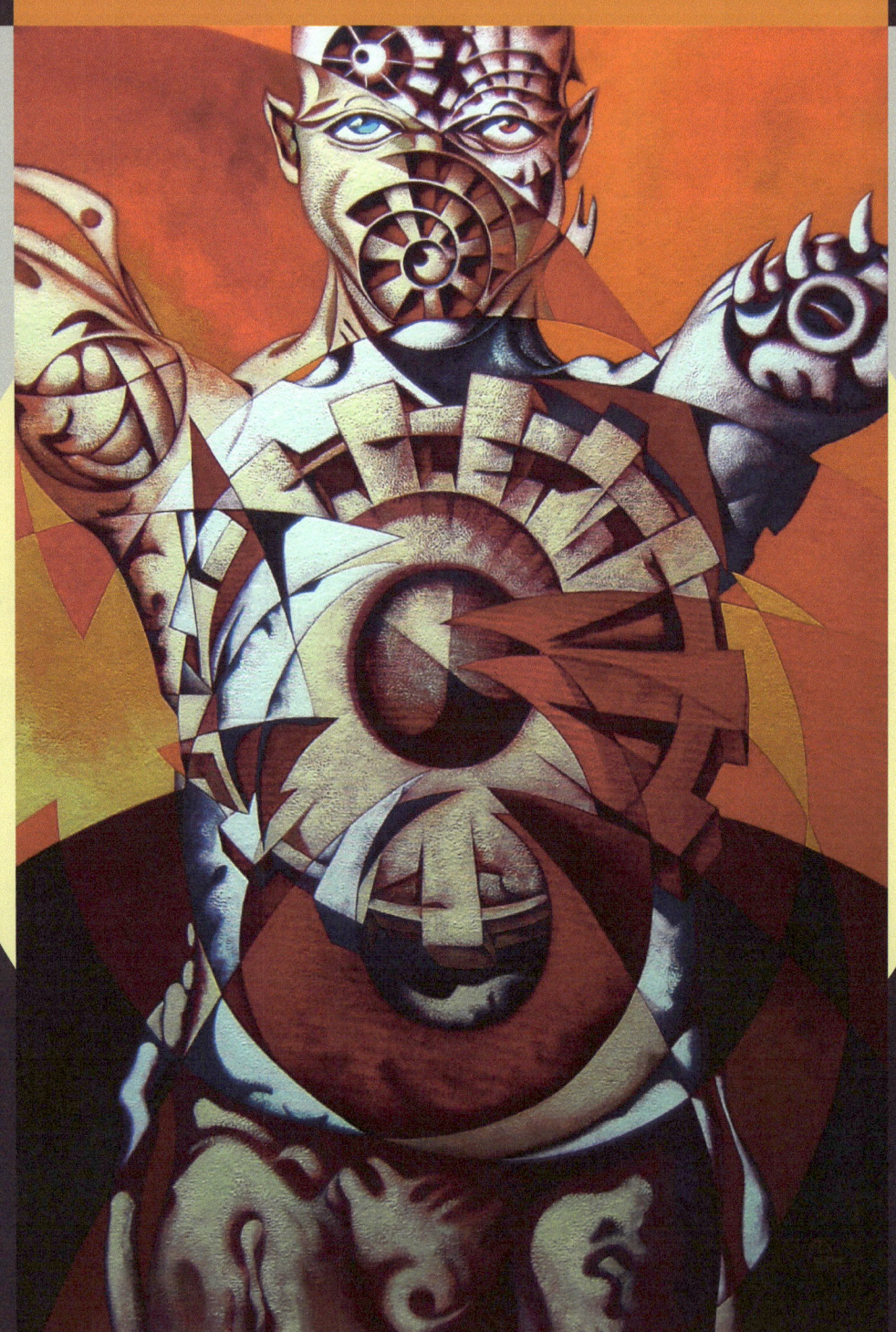

Hombre mecánico
Enamel / Canvas
36" X 24"
2009

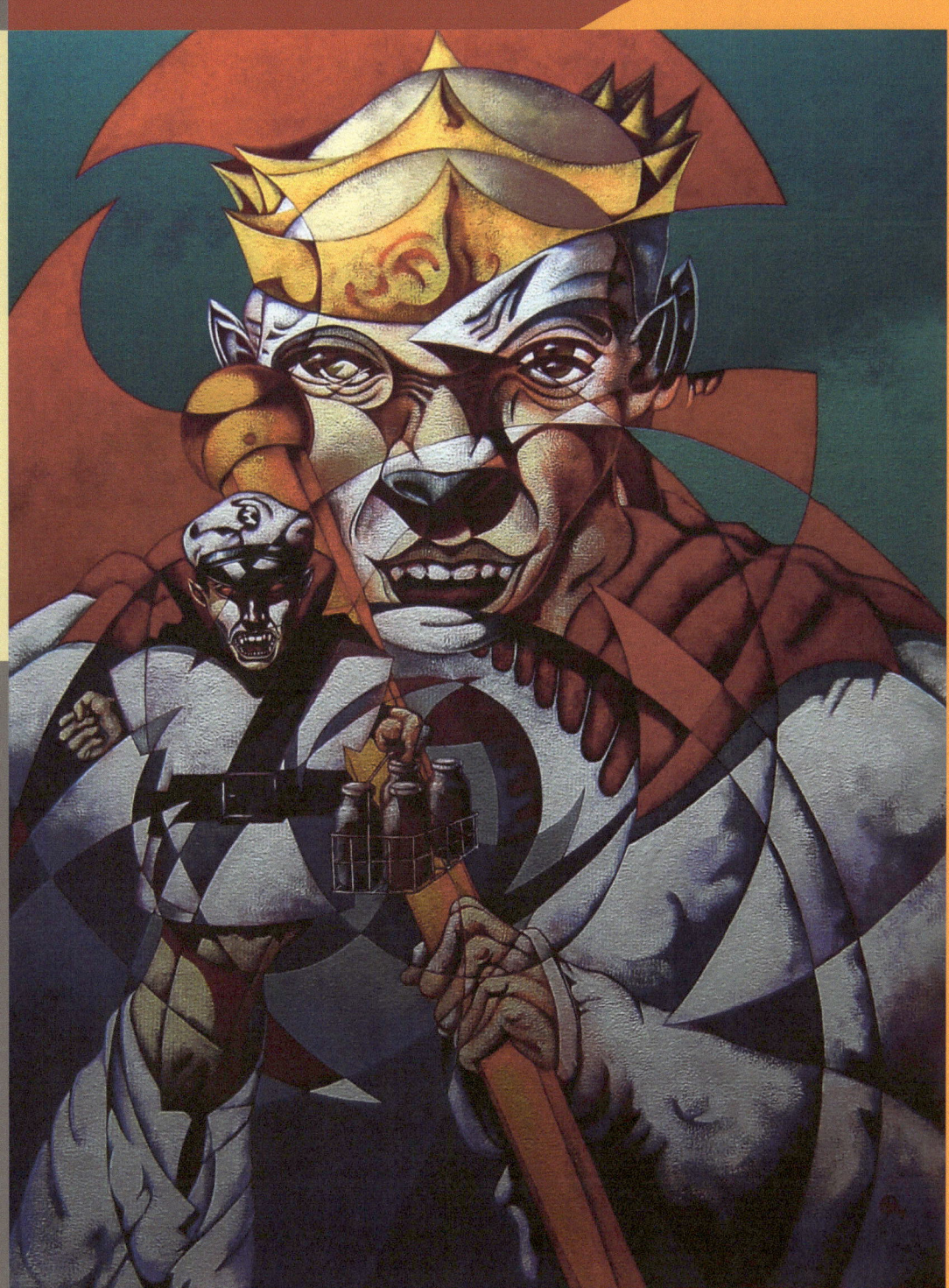

Rey loco
Enamel / Canvas
48" x 36"
2009

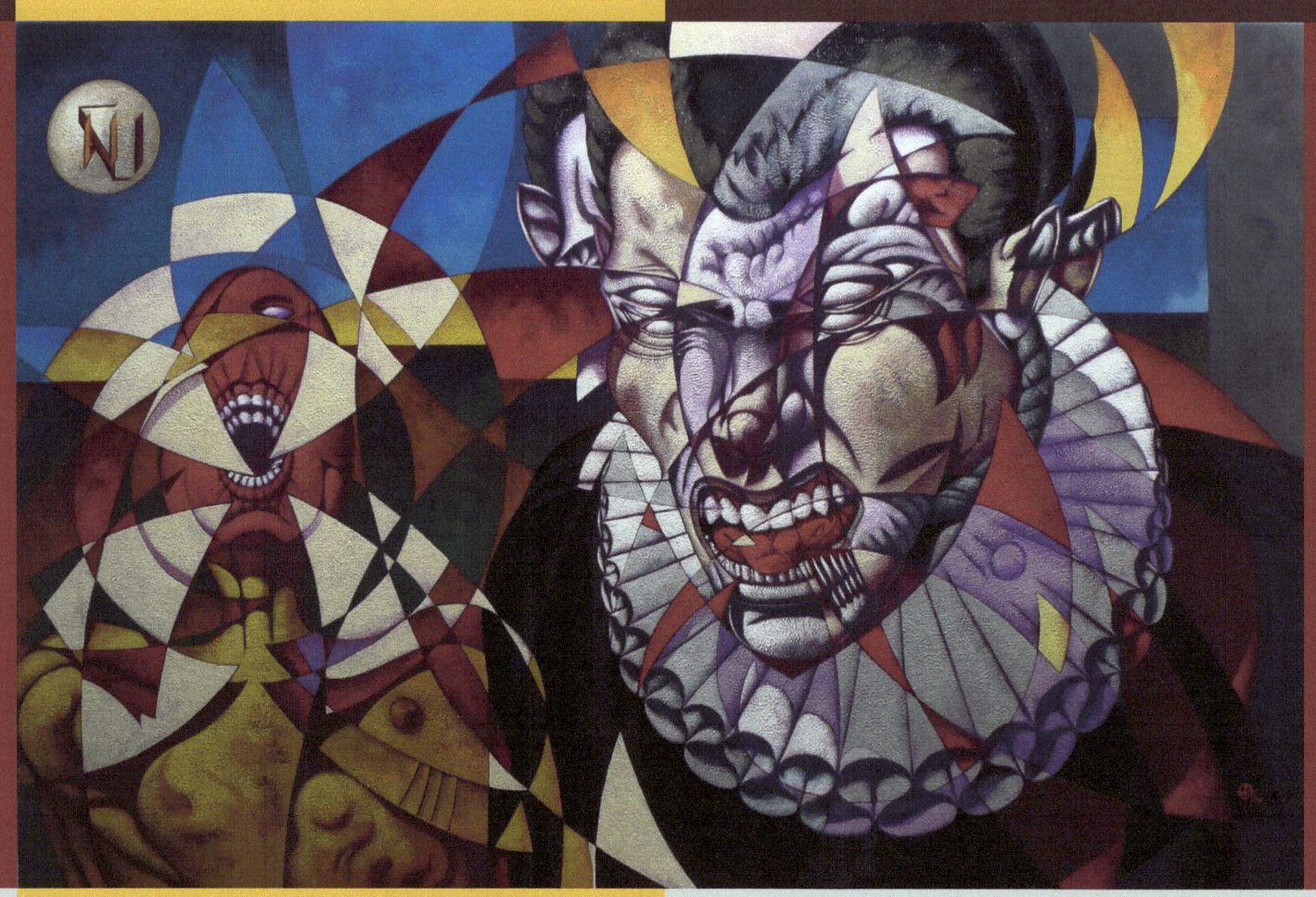

Don Juan Manuel
Enamel / Canvas
24" x 36"
2010

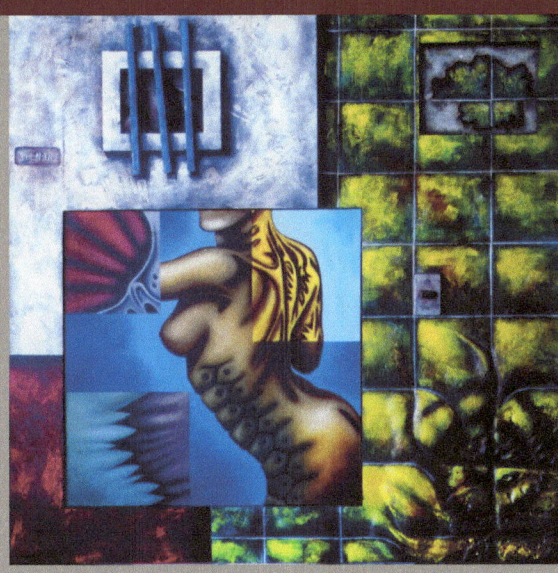

Baño
Mixed technique / Wood panel
150 cm x 150 cm
1998

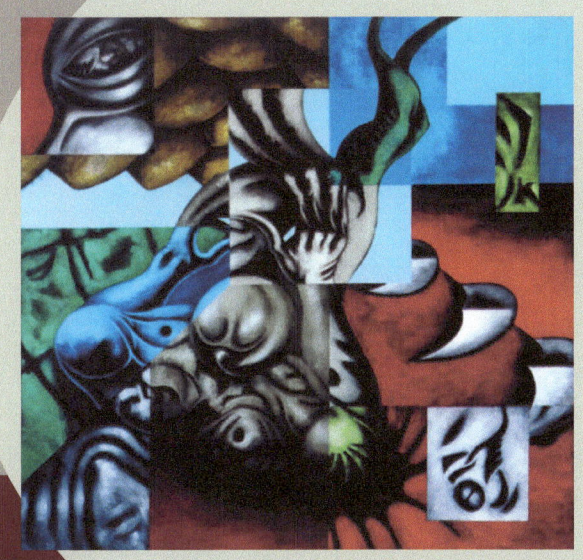

Miramiento I
Enamel / Wood panel
150 cm x 150 cm
2001

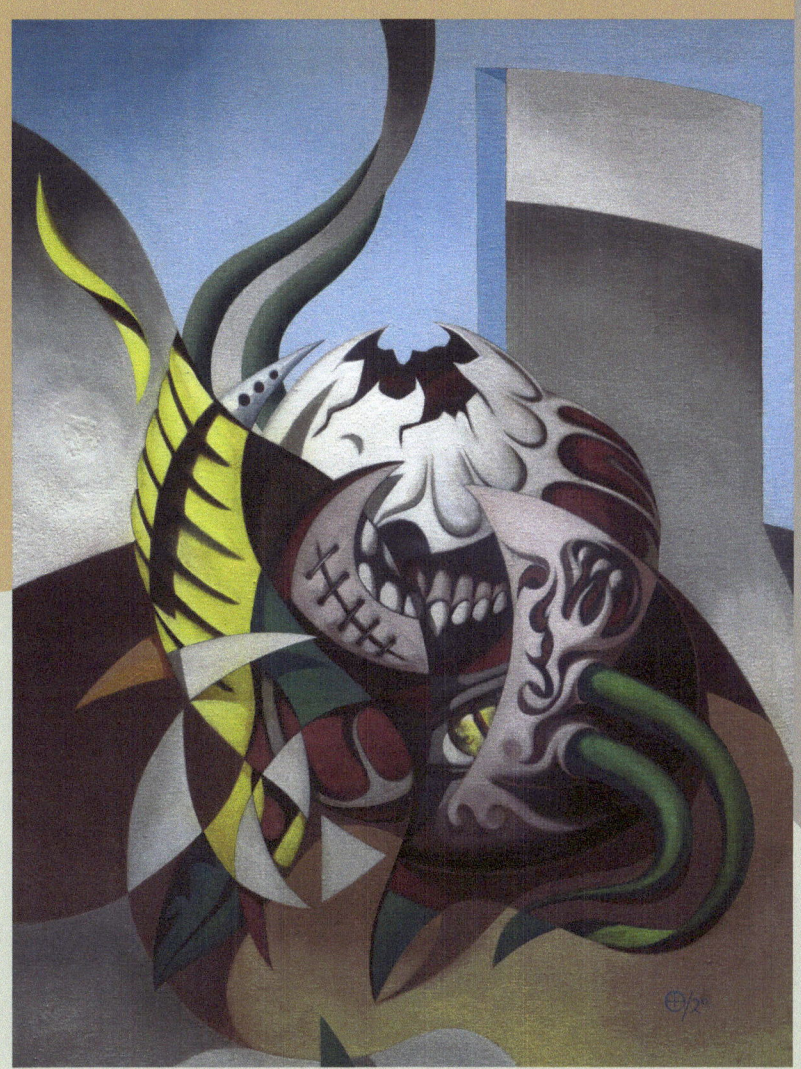

Versatilidad disforme
Oil / Canvas
60 cm x 45 cm
2020

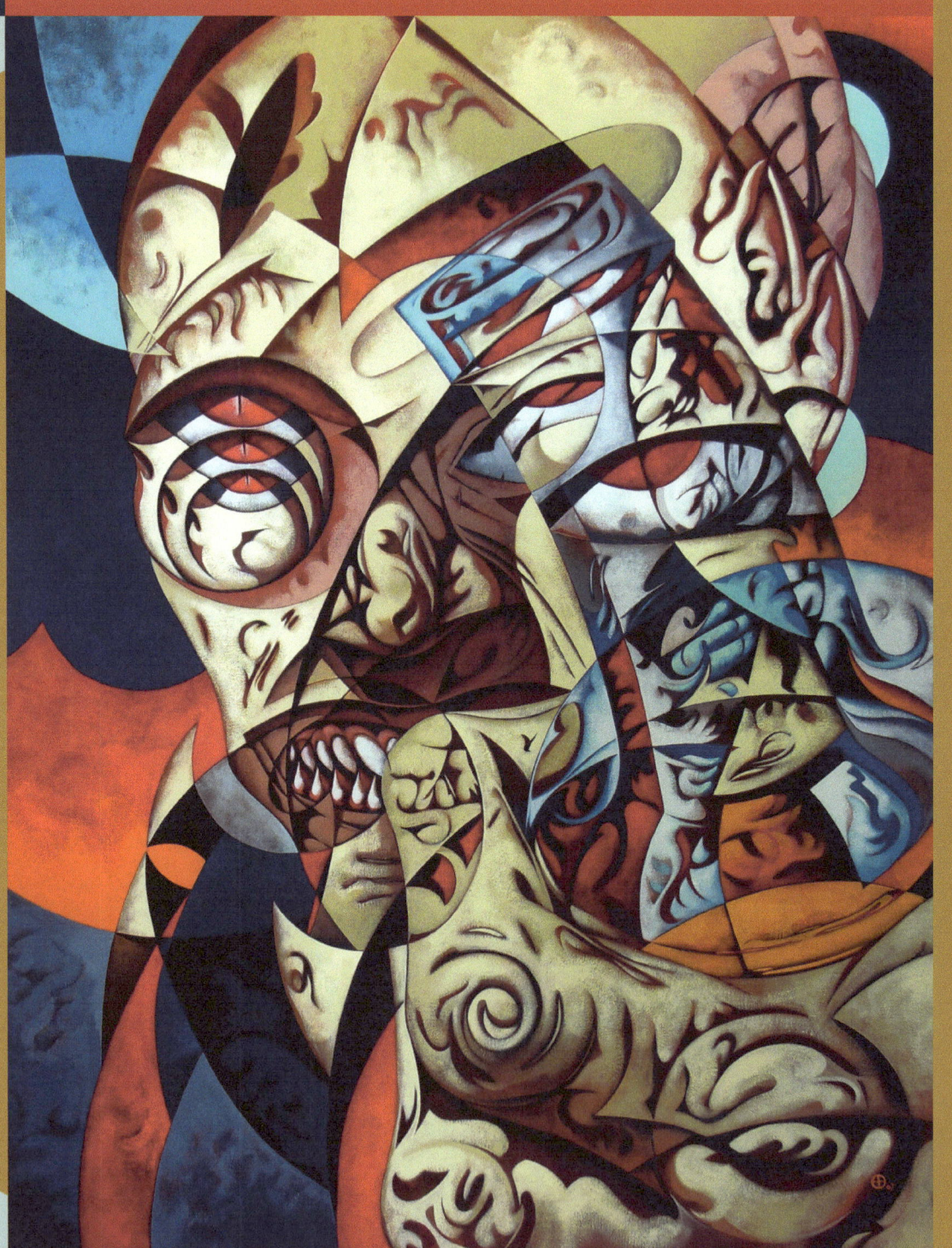

Hemofictions 10
Enamel / Canvas
48" x 36"
2007

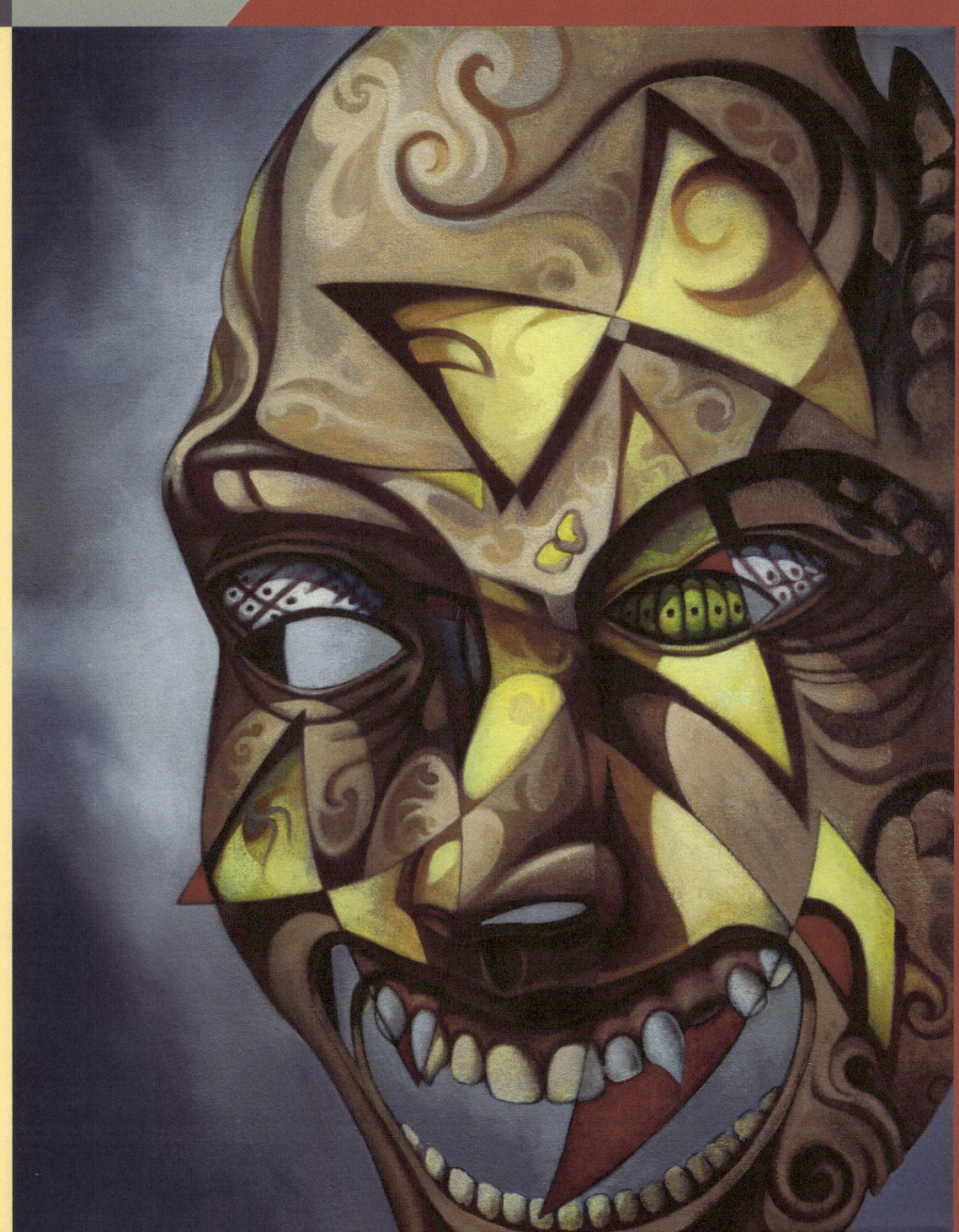

Máscara
Enamel / Canvas
50 cm x 40 cm
2022

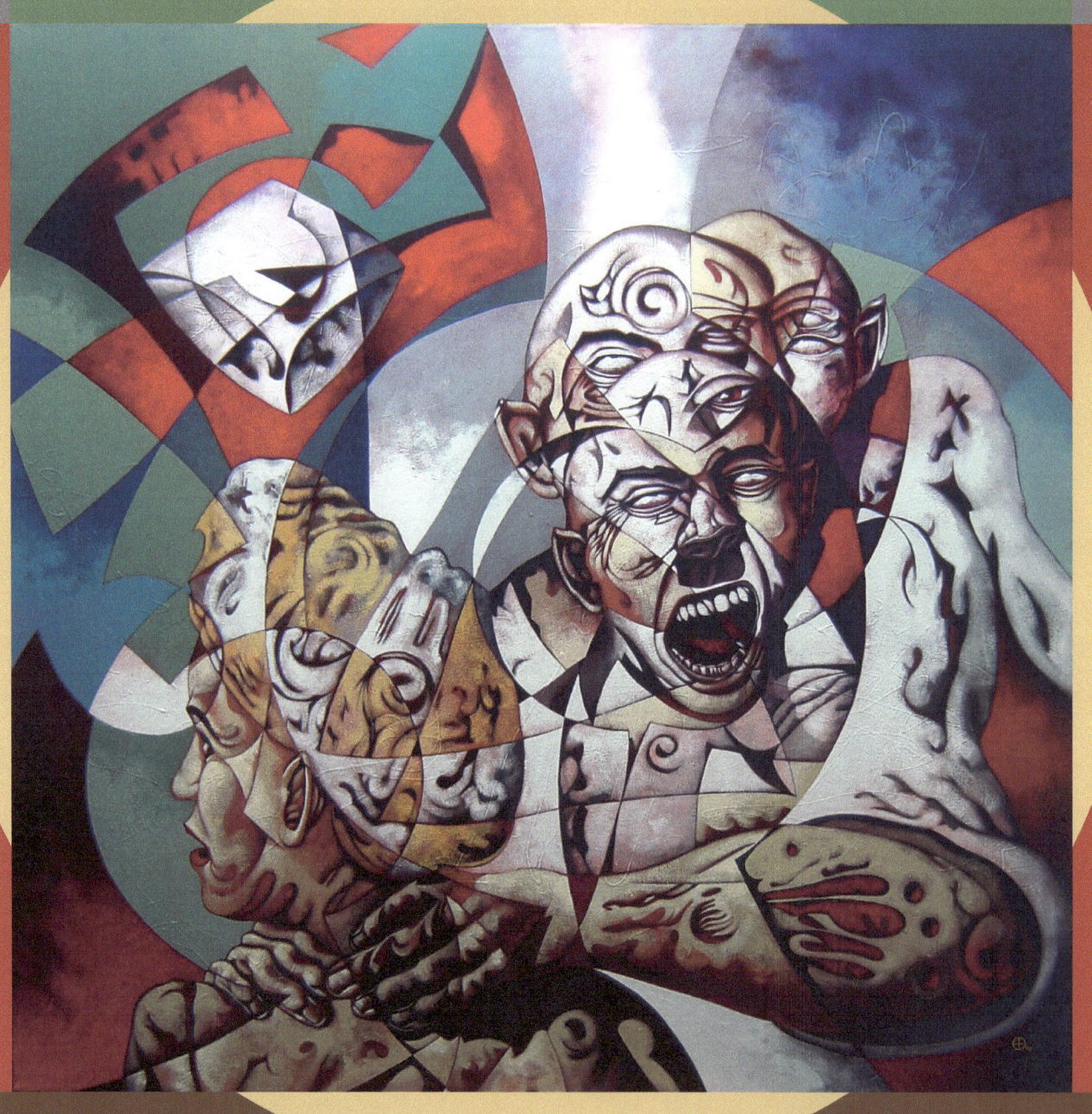

Hemofictions 14
Enamel / Canvas
48" x 48"
2009

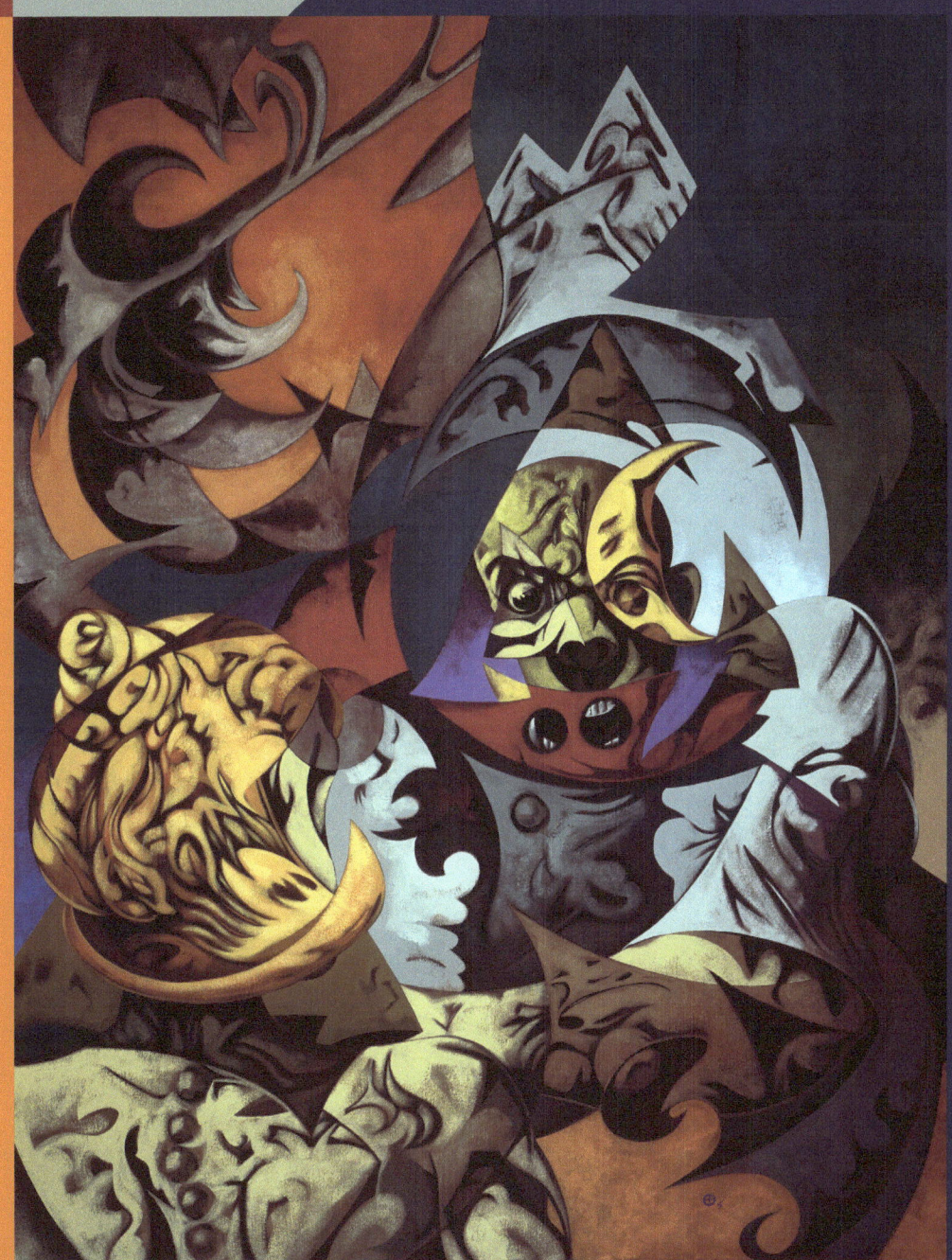

Hemofictions 5
Enamel / Canvas
48" x 36"
2005

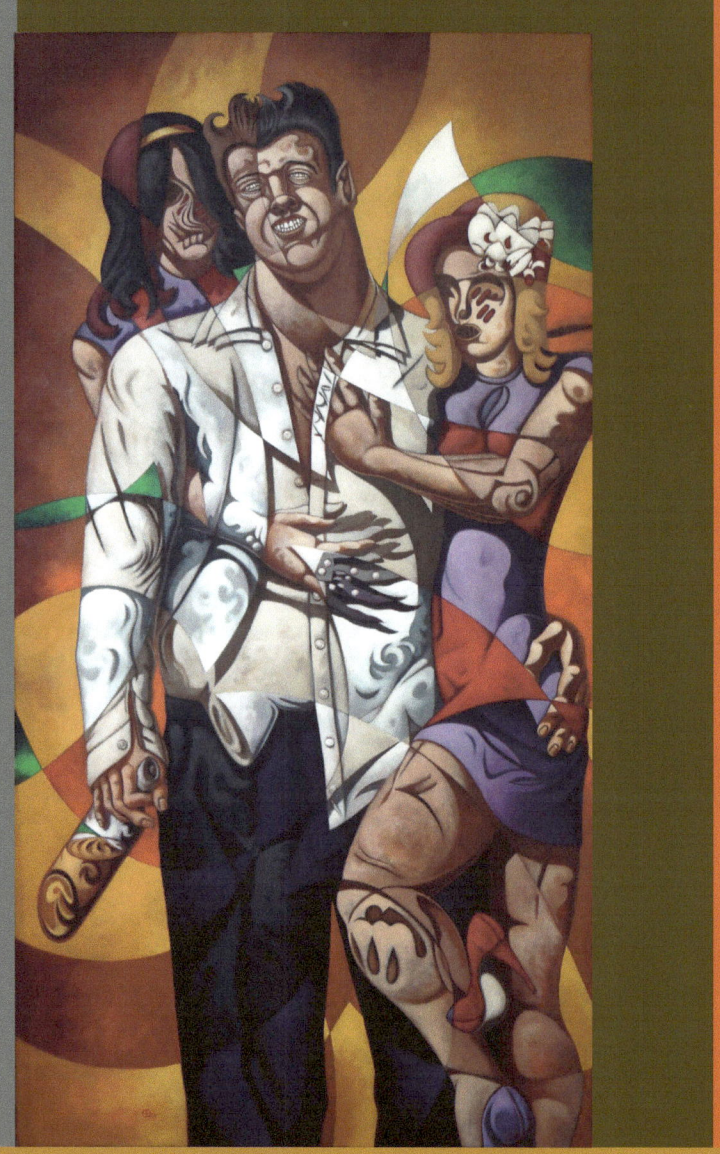

Adulterio fúnebre
Oil / Canvas
190 cm x 95 cm
2015

Maternidad ilusoria
Oil / Canvas
190 cm x 95 cm
2015

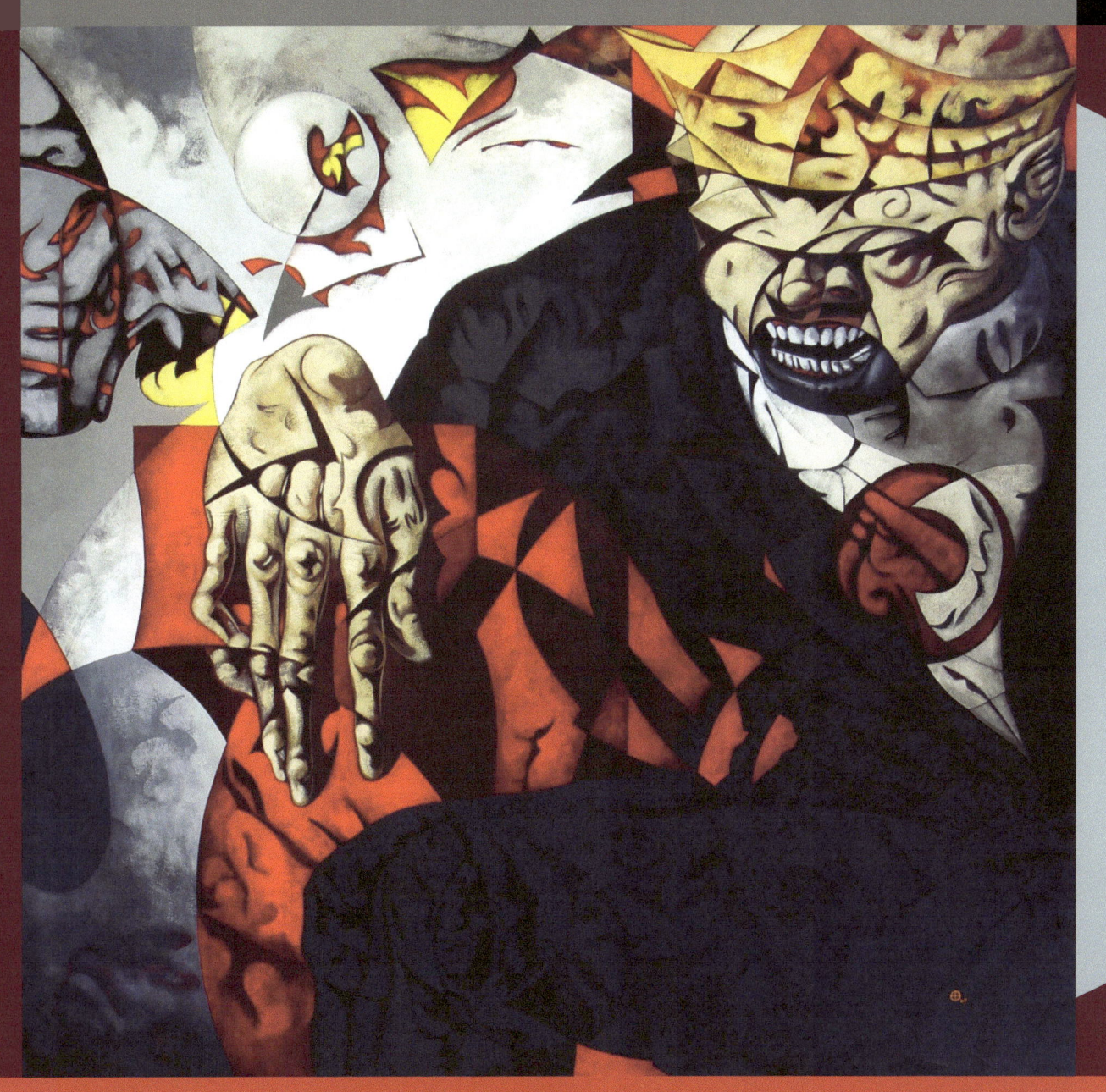

Hemofictions 12
Enamel / Canvas
48" X 48"
2007

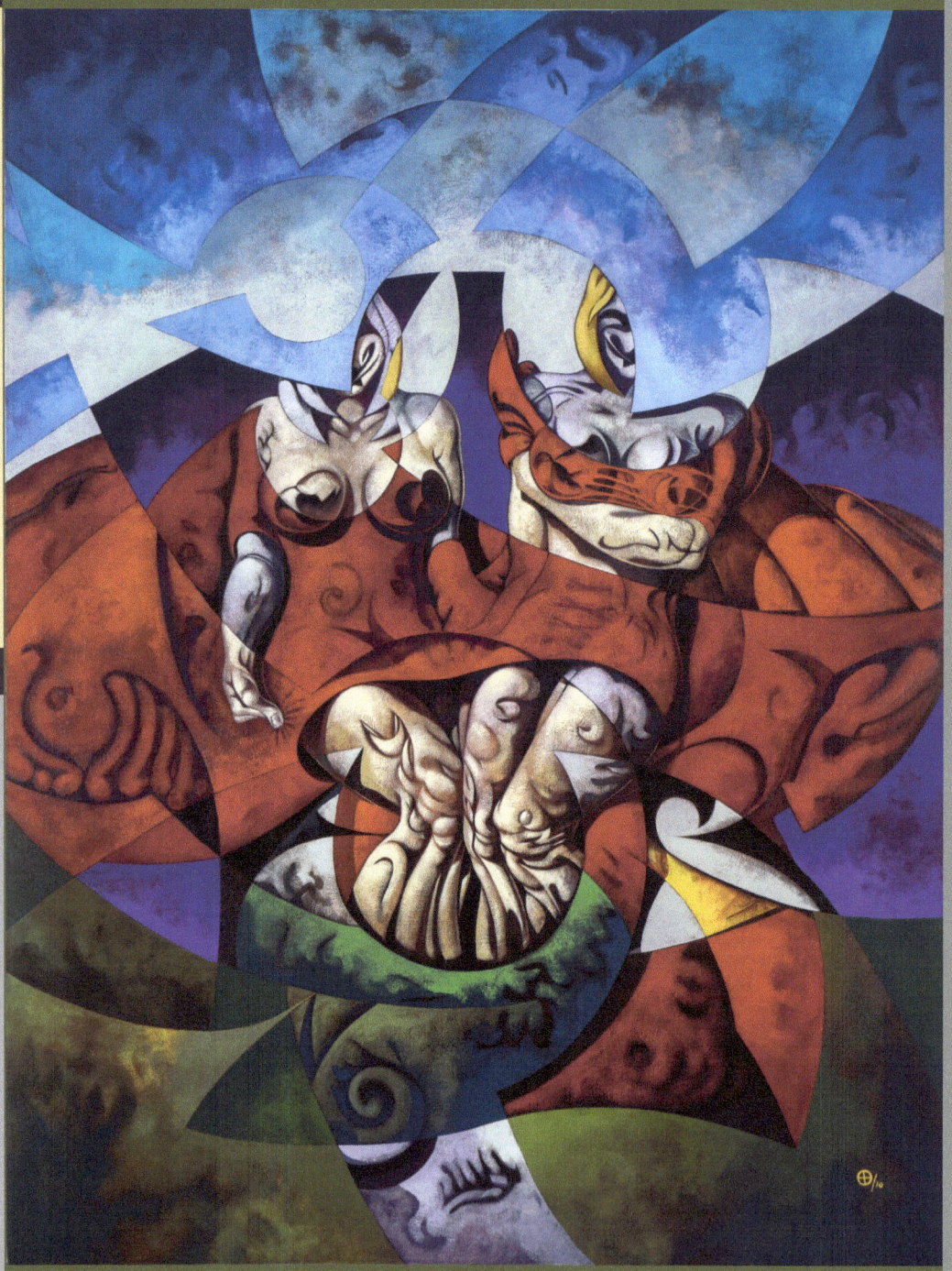

Muertas imaginarias
Enamel / Canvas
48" x 36"
2010

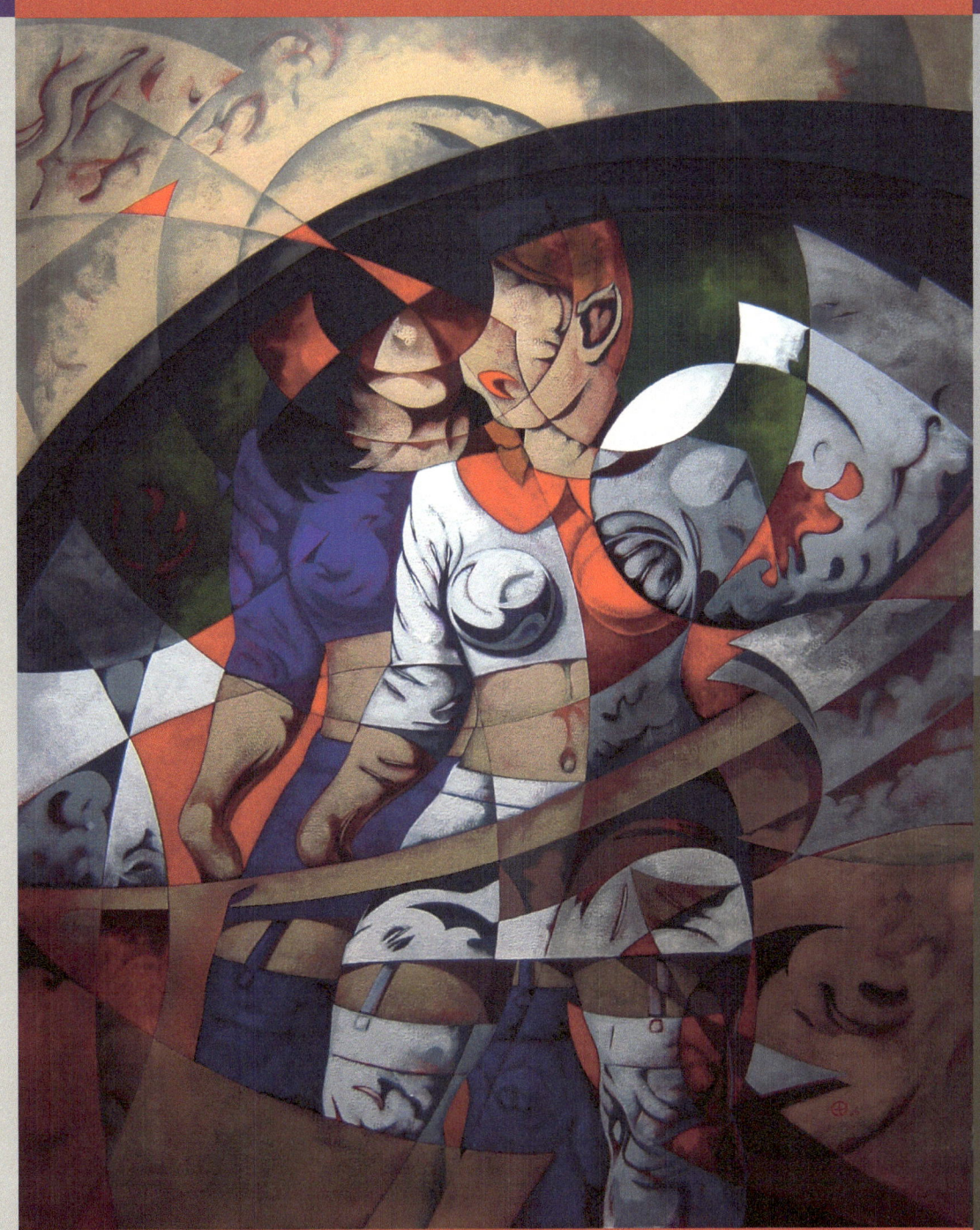

Hemofictions 9
Enamel / Canvas
48" x 36"
2006

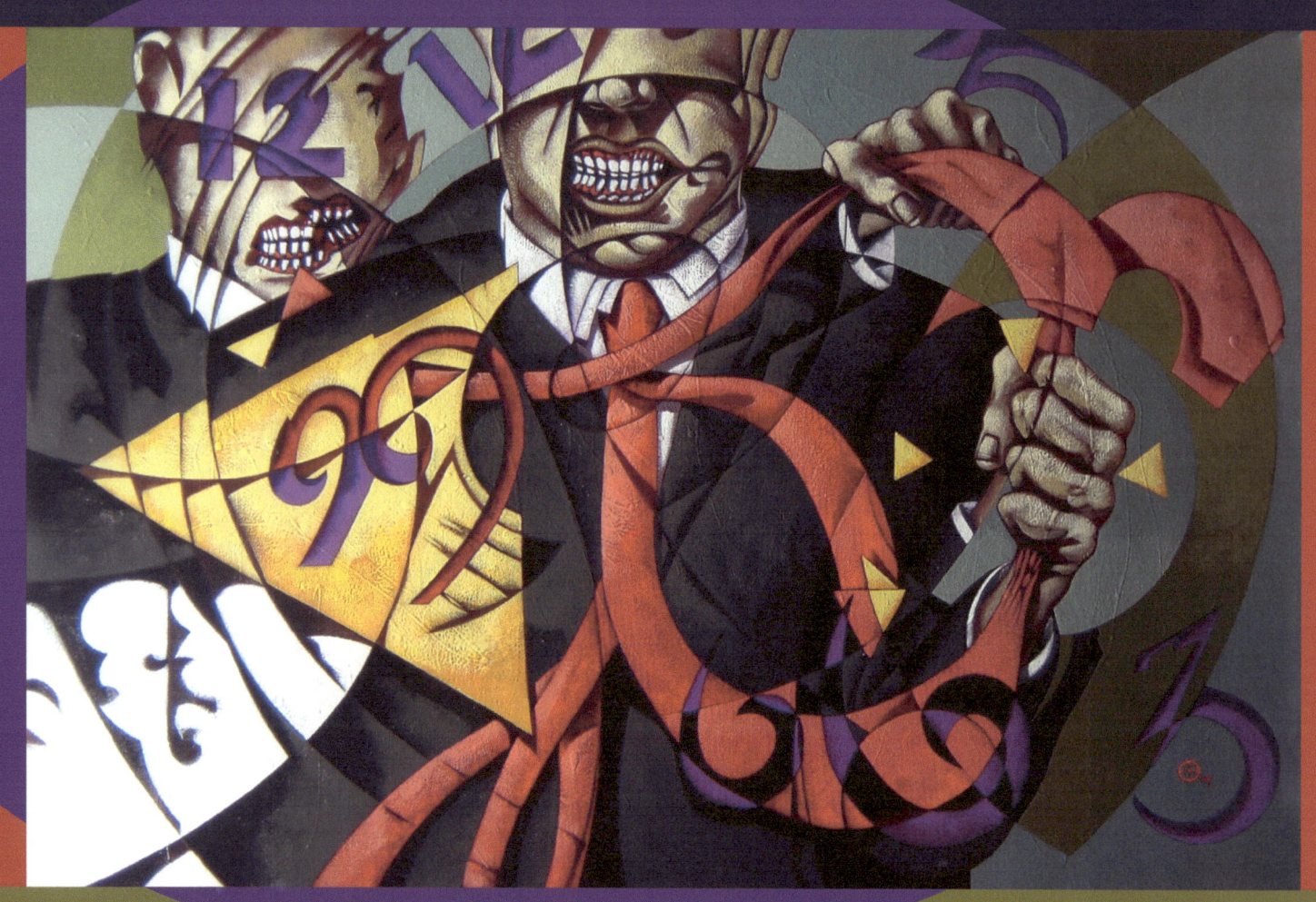

Hombre reloj
Enamel / Canvas
24" x 36"
2009

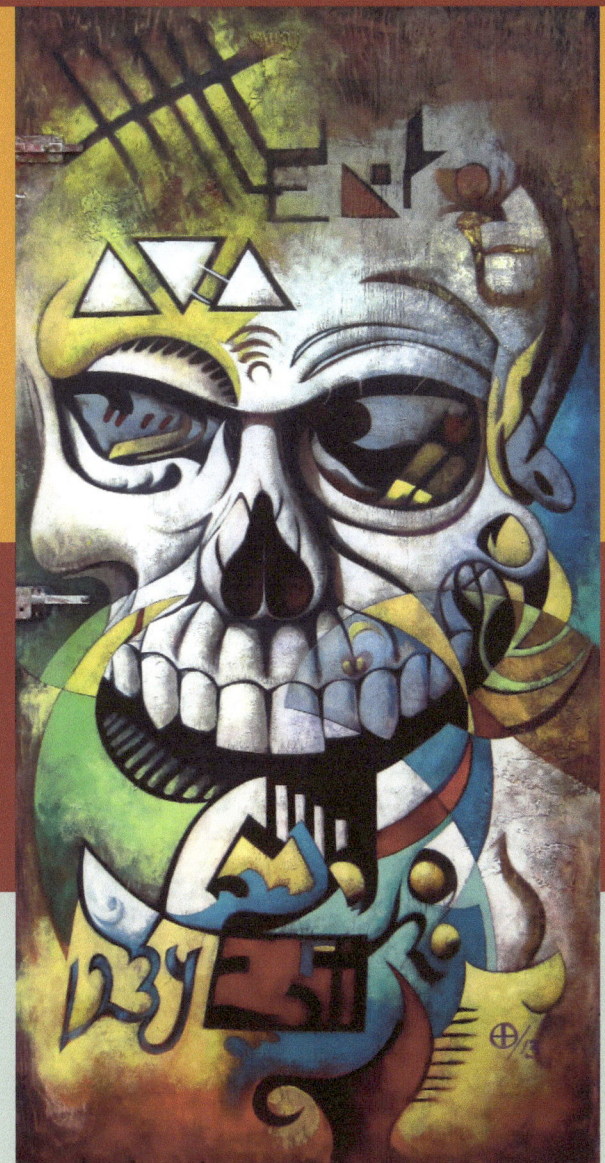

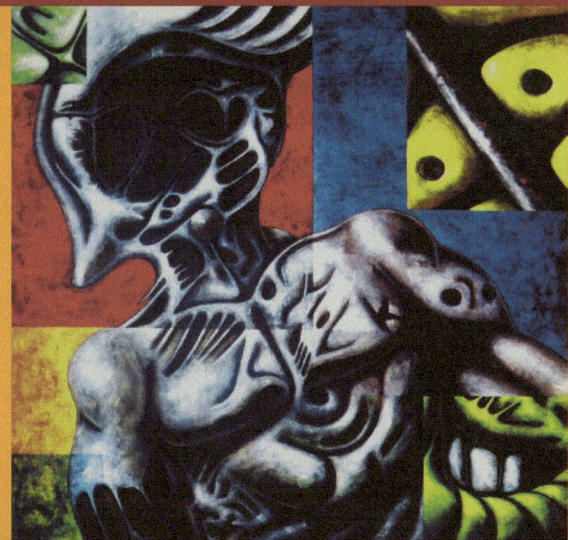

El guerrero
Enamel / Wood panel
150 cm x 150 cm
2000

Vista fúnebre
Enamel / Door
210 cm x 95 cm
2013

Cromoficciones 6
Enamel / Wood panel
150 cm x 150 cm
1999

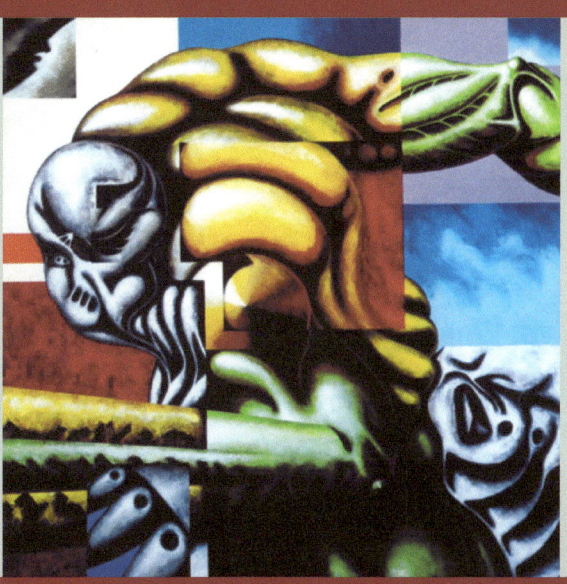

CROMOFICCIONES
ENAMEL / WOOD PANEL
150 CM X 150 CM
2000

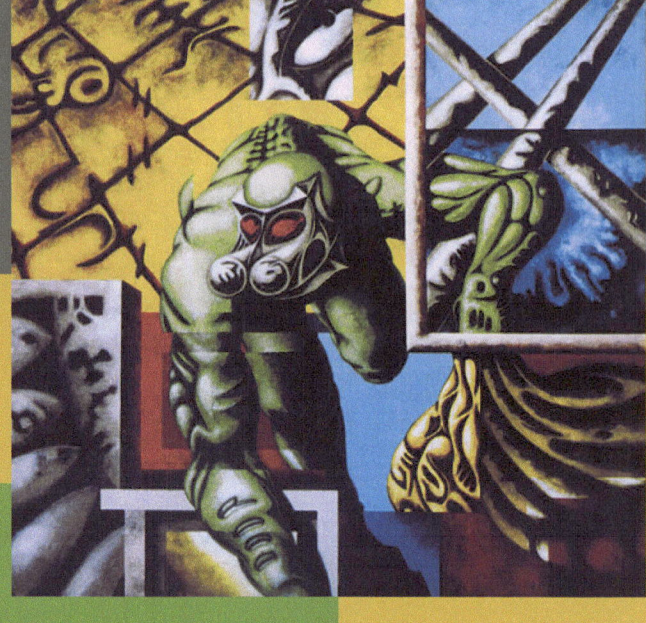

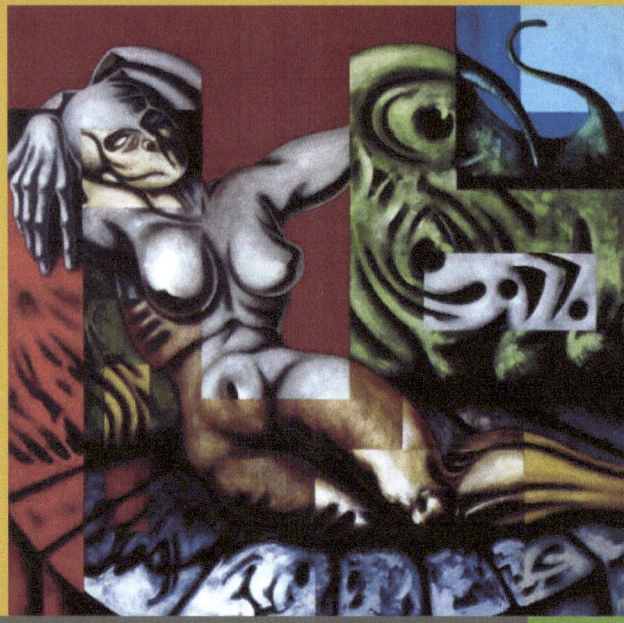

CROMOFICCIONES 5
ENAMEL / WOOD PANEL
150 CM X 150 CM
1999

CROMOFICCIONES 3
ENAMEL / WOOD PANEL
150 CM X 150 CM
2000

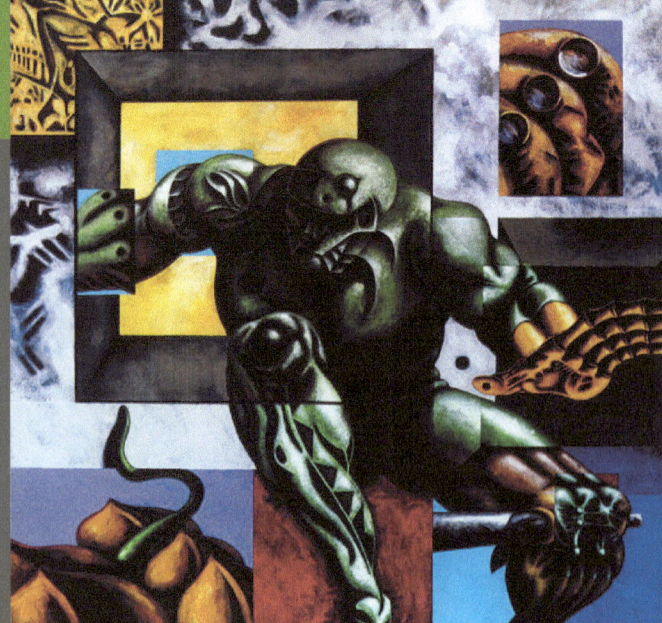

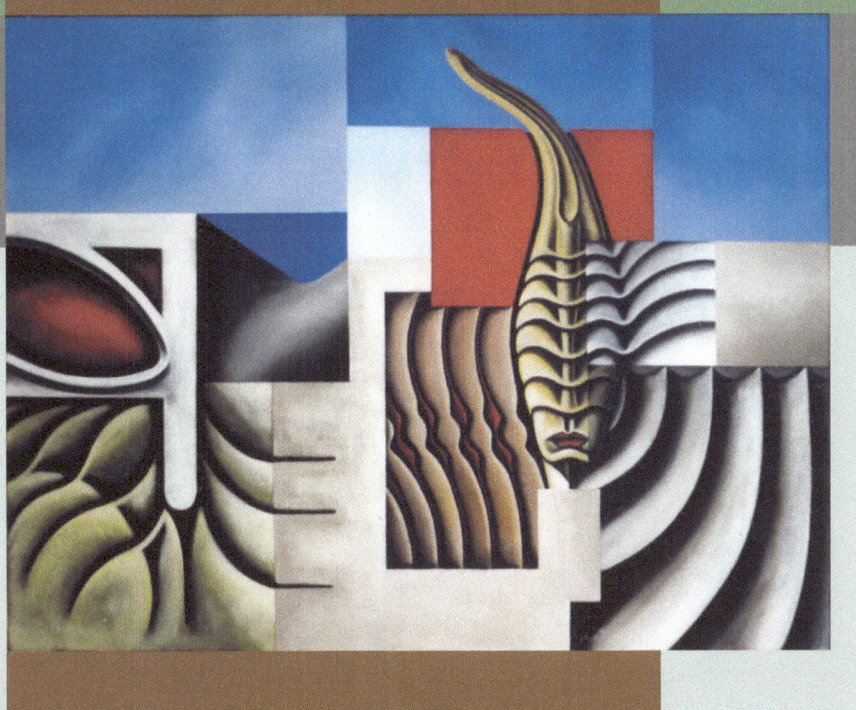

Genuina animalidad II
Oil / Canvas
90 cm x 120 cm
1995

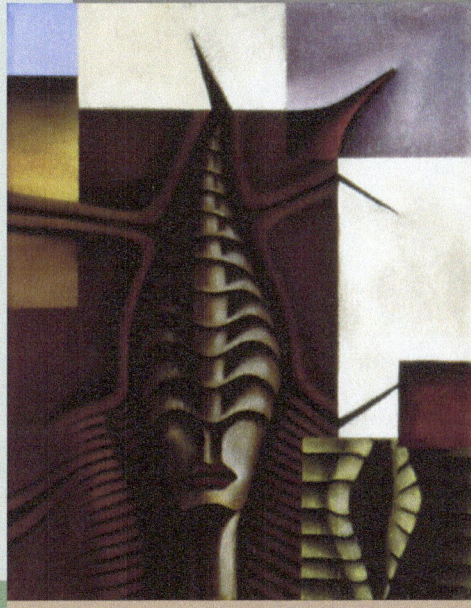

Genuina animalidad
Oil / Canvas
25 cm x 20 cm
1995

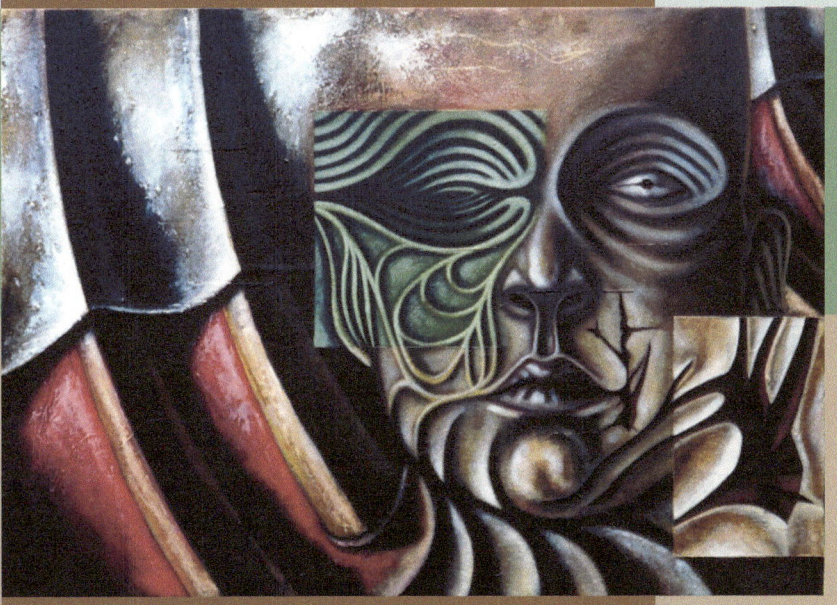

Descomposición creativa
Oil & Enamel / Canvas
40 cm x 60 cm
1995

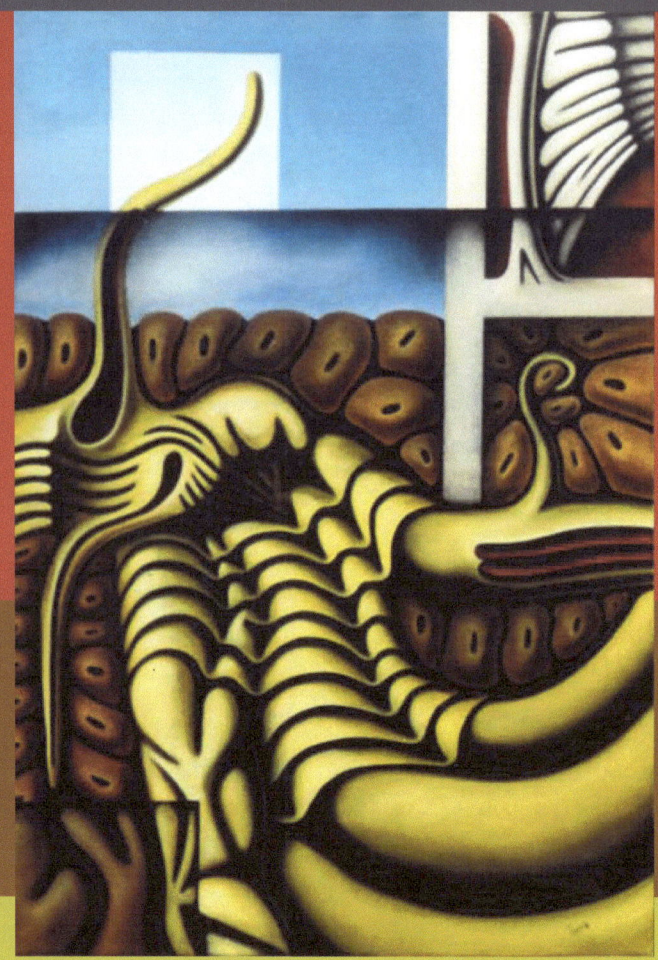

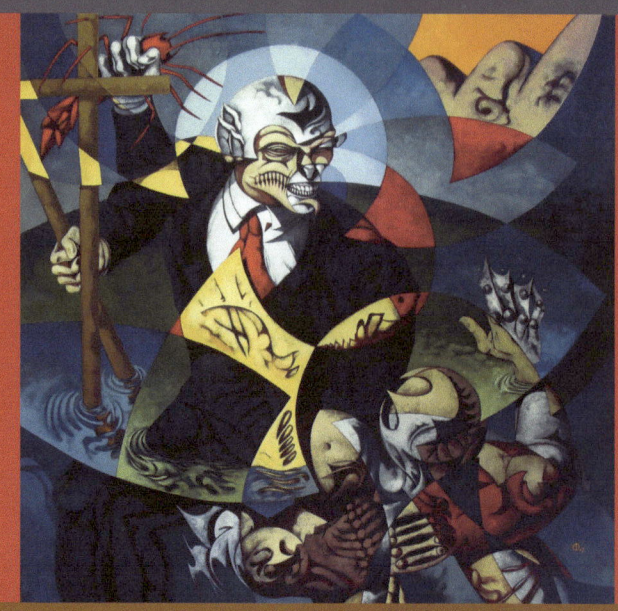

Juan Bautista
Enamel / Wood panel
150 cm x 150 cm
1999

Brotes humanos
Oil / Canvas
120 cm x 80 cm
1996

Invenciones 30
Enamel / Wood panel
150 cm x 150 cm
2000

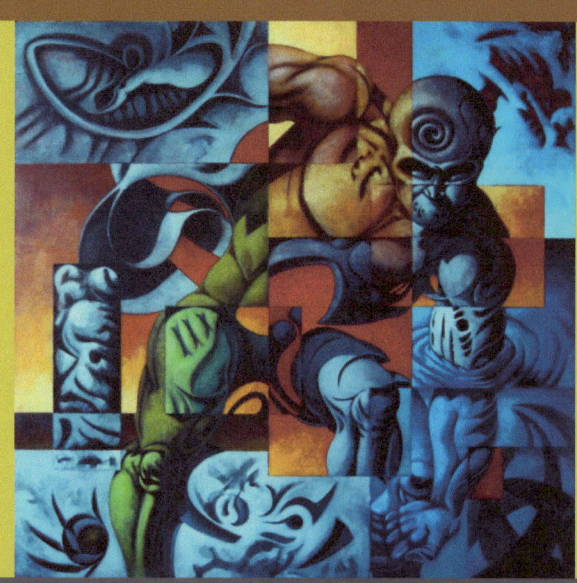

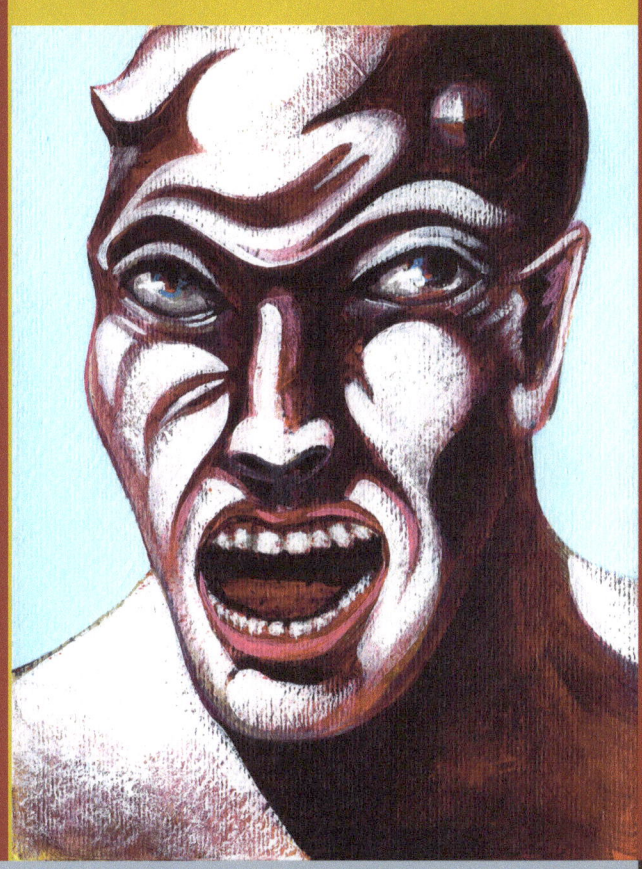

Diablito 1
Acrylic / Cardboard
8" x 6"
2014

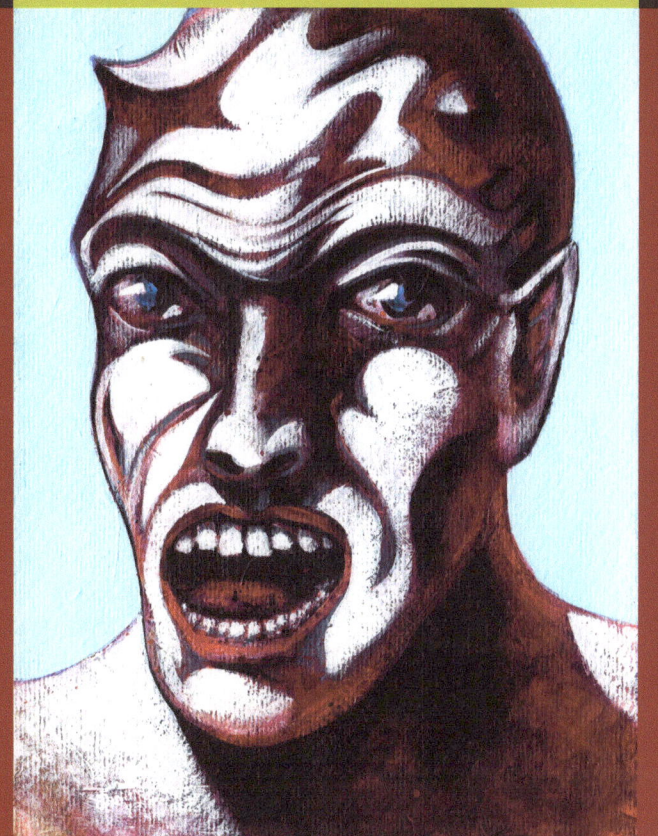

Diablito 2
Acrylic / Cardboard
8" x 6"
2014

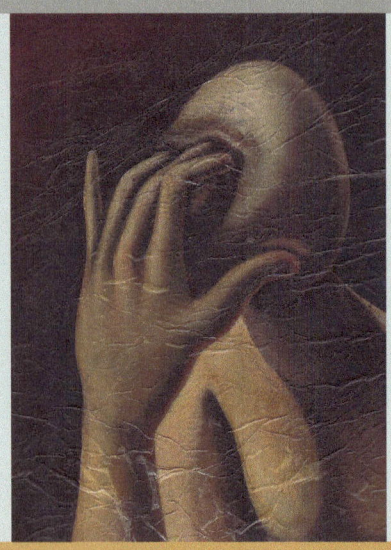
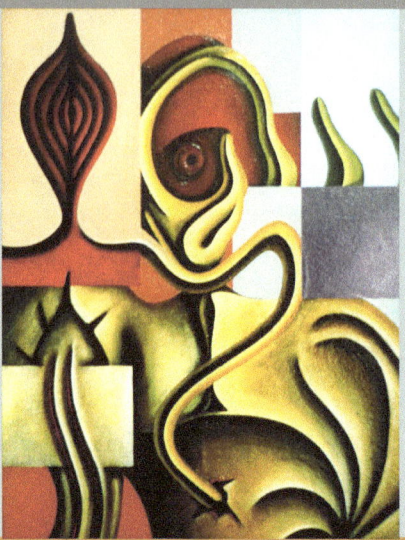
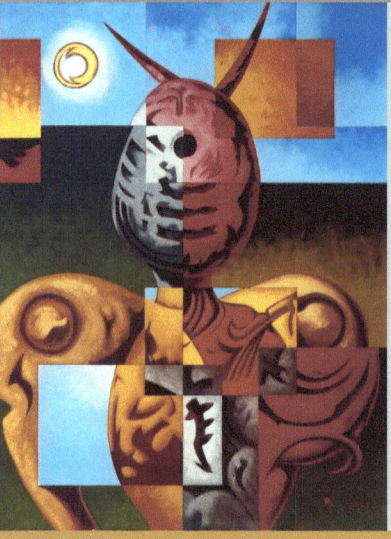

Me la meno
Oil / Paper
29.7 cm x 21 cm
1992

Invisibilidad aparente
Oil / Canvas board
40 cm x 30 cm
1995

DAC 12
Enamel / Canvas
48" x 36"
2003

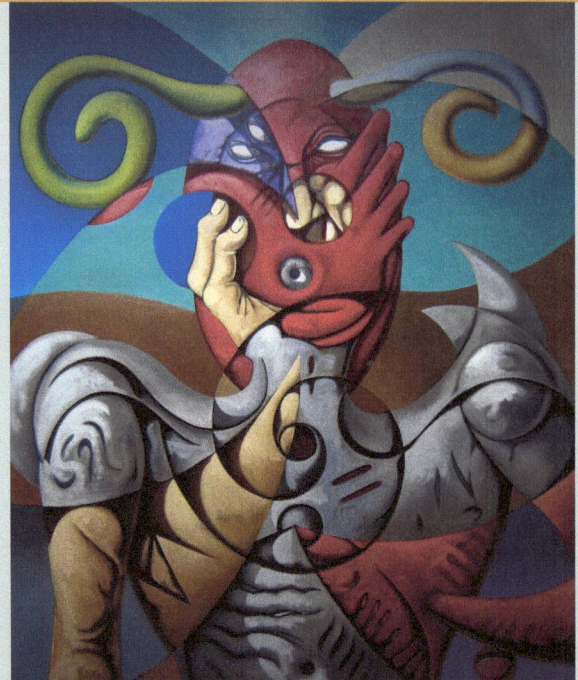

Ente cornúpeto
Oil / Canvas
100 cm x 90 cm
2008

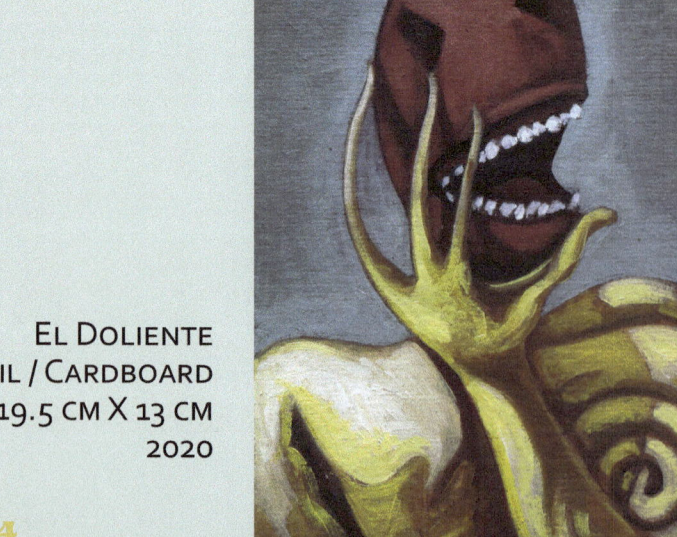

El Doliente
Oil / Cardboard
19.5 cm x 13 cm
2020

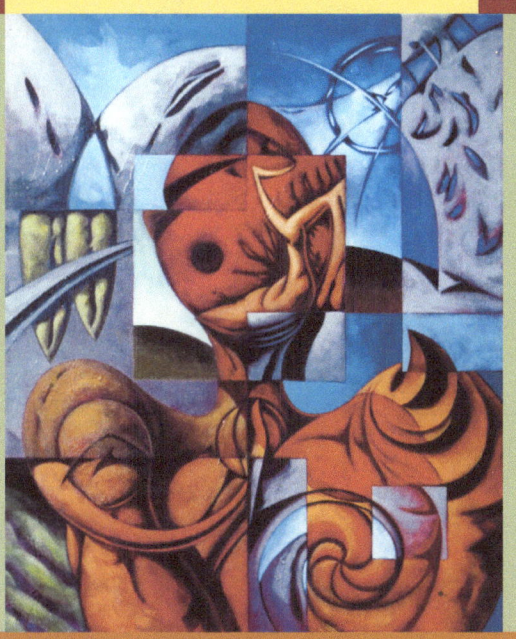

INVENCIONES 22-A
ENAMEL / CANVAS
100 CM X 80 CM
2002

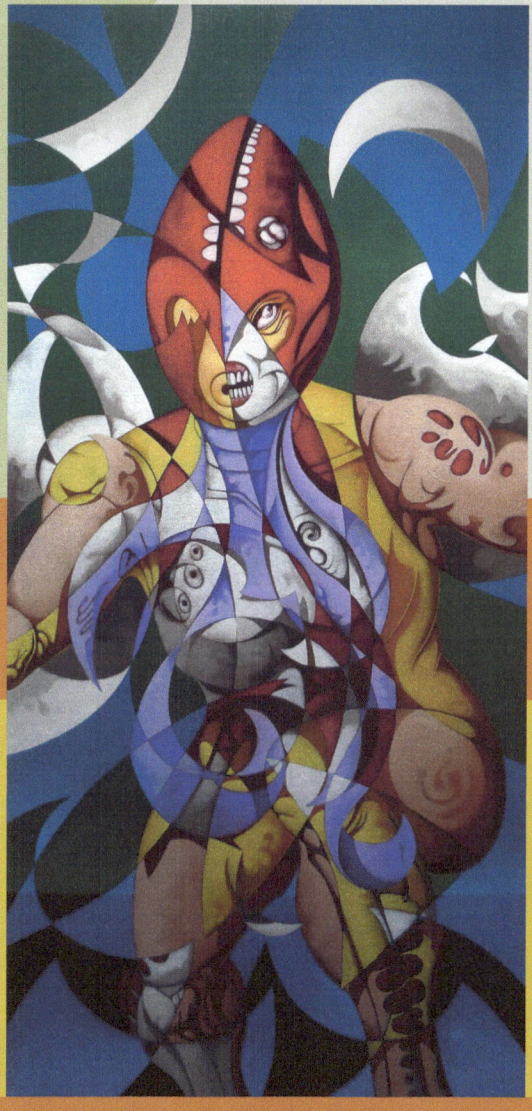

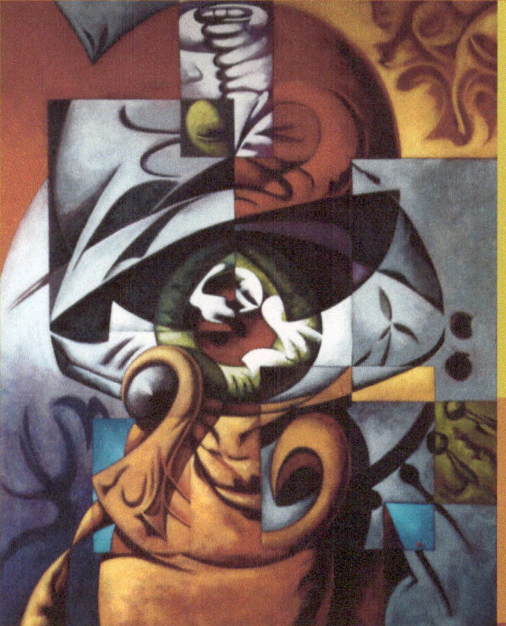

INVENCIONES 19-A
ENAMEL / CANVAS
100 CM X 80 CM
2002

PROGRESSIVE HEMOFICTION
OIL / CANVAS
48" X 24"
2011

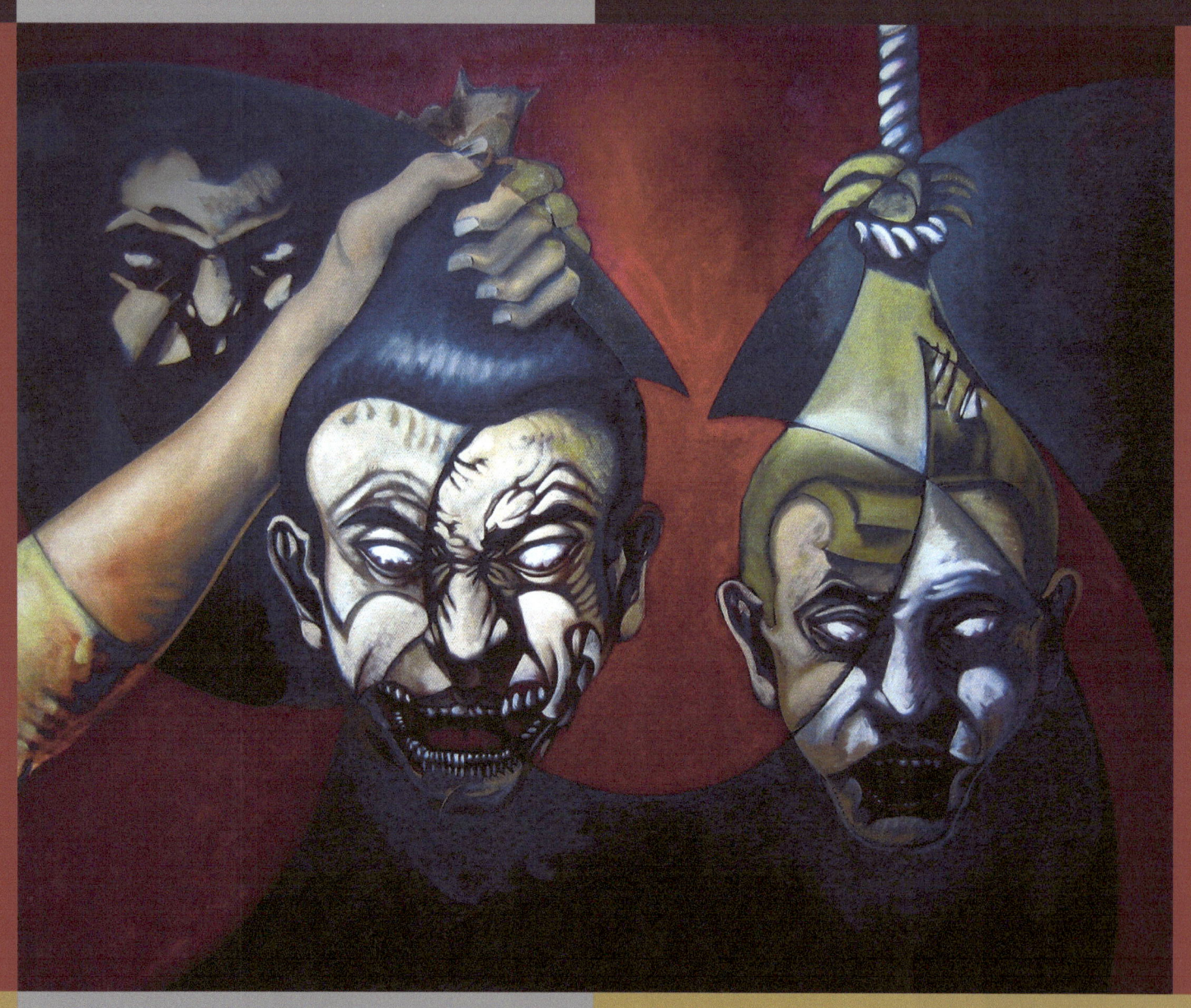

HANGING HEADS
OIL / CANVAS
80 CM X 100 CM
2008

www.ingramcontent.com/pod-product-compliance
Lightning Source LLC
Chambersburg PA
CBHW040454220526
45473CB00004B/1628